이렇게 기막힌 적중률

KB022506

한식조리기능사
필기+실기 올인원

2권 · 실기

"이" 한 권으로 합격의 "기적"을 경험하세요!

YoungJin.com Y.
영진닷컴

차례

초성별 차례

조림 · 초 조리

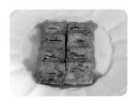

구이 조리

숙채 조리

볶음 조리

김치 조리

시험 안내

01 자격증 취득과정

❶ 필기시험 원서접수

- 접수기간 내에 인터넷을 이용하여 원서접수를 할 수 있다.
  (비회원의 경우 우선 회원 가입을 하고, 사진을 등록한 후 접수를 한다.)
- 한국산업인력공단 홈페이지 : q-net.or.kr
- 필기 응시료 : 14,500원

❷ 필기시험

- 준비물 : 필기도구, 수험표, 신분증
- 시험과목 : 한식 재료관리, 음식조리 및 위생관리
- 문항수 : 총 60문항
- 합격기준 : 100점 만점에 60점 이상

❸ 필기 합격자 발표

CBT 필기시험은 시험종료 즉시 합격 여부를 발표한다.

❹ 실기시험 원서접수

- 접수 시 시험 날짜를 선택하며, 먼저 접수하는 수험자가 시험일자 및 시험장 선택의 폭이 넓다.
- 실기시험 자격 : 필기시험 합격자, 국가기술자격법 시행규칙 제18조에 의한 필기시험 면제 대상자
  (자세한 사항은 지역본부 및 지사로 문의)
- 실기 응시료 : 29,600원

❺ 실기시험

- 준비물 : 수험표, 신분증, 실기 도구
- 시험문항 : 공개과제 중 무작위로 출제
- 합격기준 : 100점 만점에 60점 이상

❻ 실기 합격자 발표

q-net.or.kr에서 합격 여부를 확인한다.

❼ 자격증 교부

- 형태 : 수첩 형태의 자격증 발급
- 신청 절차 : q-net.or.kr에서 발급 신청
- 시험접수 관련 문의전화 : 1644-8000

02 실기 시험 진행 방법 및 주의사항

❶ 시험 전날 수검자 지참물을 준비 및 확인한다.

- 위생복, 앞치마, 위생모는 주름 없이 다려서 준비한다.
- 시험 시간과 장소를 확인하고 수검표, 주민등록증을 챙긴다.
- 행주, 면포, 키친타월을 넉넉히 준비한다.
- 매니큐어는 지우고 손톱을 짧게 깎는다.

❷ 시험 당일 진한 화장, 악세서리, 손목시계, 신발 등을 확인한다.

❸ 본인이 지급받은 재료와 목록표의 재료를 확인하여 부족하거나 없는 재료, 상태가 좋지 않은 재료는 추가 지급 또는 재료 교체를 요구한다(단, 시험이 시작된 후에는 재지급되지 않는다).

❹ 작품은 반드시 시험장 완성 그릇에 담아 제출하여야 한다(본인이 가져간 그릇을 사용하면 부정행위로 오인할 수 있다).

❺ 시험 도중 옆 사람과 대화하거나 재료, 도구 등을 빌리면 부정행위로 인정된다.

❻ 시험이 시작되면 손을 씻고 지급된 재료를 세척한 후 작업에 들어간다.

❼ 2가지 메뉴에 알맞게 재료를 분류하여 접시에 담는다.

❽ 시험 도중 재료나 조리 도구가 낙하하지 않도록 침착하게 시험에 임한다.

❾ 손을 베이거나 다치면 숨기지 말고 본부 위원의 도움을 받아 응급 조치를 취한 후 다시 시험에 임한다.

❿ 요구사항을 꼼꼼히 읽은 후 크기, 수량(mL, 개수, 전량), 작품 형태 등에 맞도록 한다.

⓫ 작품이 덜 익거나 반대로 태우면 실격으로 채점 대상에서 제외된다.

⓬ 수량이 미달되거나 1가지 작품만 제출하면 실격으로 채점 대상에서 제외된다.

⓭ 지급 재료 이외의 재료를 사용하면 실격으로 채점대상에서 제외된다.

⓮ 작품을 제출 후 개수대, 가스레인지 등을 깨끗이 정리하고 퇴실하여야 정리 정돈 점수에서 감점되지 않는다.

⓯ 시험이 시작되면 가스밸브가 열렸는지 확인하며 시험이 끝나면 가스밸브를 잠그고 퇴실한다.

재료명	규격	수량	재료명	규격	수량
계량스푼		1개	앞치마	흰색(남녀공용)	1개
계량컵		1개	위생모	흰색	1개
주걱		1개	위생복	상의-흰색/긴소매 하의-긴바지(색상무관)	1개
냄비		1개	위생타월	키친타월, 휴지 등 유사품 포함	1개
젓가락		1개	종이컵		1매
랩, 호일		1개	칼	조리용 칼, 칼집 포함	1개
면포/행주	흰색	1장	후라이팬		1개
쇠조리 (혹은 체)		1개	이쑤시개	산적꼬치 등 유사품 포함	1개
도마	나무도마 또는 흰색	1개	볼(bowl)		1개
가위		1개	상비의약품		1개
강판		1개	마스크		1개
국대접	기타 유사품 포함	1개	석쇠		1개
국자		1개	숟가락	차스푼 등 유사품 포함	1개
뒤집개		1개	접시	양념접시 등 유사품 포함	1개
밀대		1개	종지		1개
밥공기		1개	집게		1개
비닐백	위생백, 비닐봉지 등 유사품 포함	1장			

▶ 지참준비물의 수량은 최소 필요수량이므로 수험자가 필요시 추가 지참 가능합니다.
▶ 지참준비물은 일반적인 조리용을 의미하며, 기관명, 이름 등 표시가 없는 것이어야 합니다.
▶ 지참준비물 중 수험자 개인에 따라 과제를 조리하는데 불필요하다고 판단되는 조리기구는 지참하지 않아도 됩니다.
▶ 지참준비물 목록에는 없으나 조리에 직접 사용되지 않는 조리 주방용품(예, 수저통 등)은 지참 가능합니다.
▶ 수험자지참준비물 이외의 조리기구를 사용한 경우 채점대상에서 제외(실격)됩니다.
▶ 위생상태 세부기준은 큐넷-자료실-공개문제에 공지된 "위생상태 및 안전관리 세부기준"을 참조하시기 바랍니다.

04 실기 시험 채점 기준표 및 출제기준

과목	세부항목	배점
공통 채점(10점)	위생복 착용, 위생 상태	3점
	조리 과정, 기구 취급	4점
	정돈, 청소	3점
조리 기술(60점)	조리 방법, 숙련도	30점 X 2
작품 평가(30점)	맛, 색, 모양, 그릇	15점 X 2
실격	(1) 가스레인지 화구 2개 이상(2개 포함) 사용한 경우 (2) 불을 사용하여 만든 조리 작품이 작품 특성에 벗어나는 정도로 타거나 익지 않은 경우 (3) 위생복, 위생모, 앞치마, 마스크를 착용하지 않은 경우 (4) 지정된 수험자 지참 준비물 이외의 조리기구를 사용한 경우 (5) 시험 중 시설·장비(칼, 가스레인지 등) 사용 시 감독위원 및 타수험자의 시험 진행에 위협이 될 것으로 감독위원 전원이 합의하여 판단한 경우 (6) 시험시간 내에 과제 두 가지를 제출하지 못한 경우 (7) 문제의 요구사항대로 과제의 수량이 만들어지지 않은 경우 (8) 구이를 찜으로 조리하는 등과 같이 조리 방법을 다르게 한 경우 (9) 해당 과제의 지급재료 이외의 재료를 사용하거나 석쇠 등 요구사항의 조리 도구를 사용하지 않은 경우

직무 분야	중직무 분야	자격종목	적용기간
음식 서비스	조리	한식조리기능사	2023.1.1. ~ 2025.12.31.

- **직무내용**　한식메뉴 계획에 따라 식재료를 선정, 구매, 검수, 보관 및 저장하며 맛과 영양을 고려하여 안전하고 위생적으로 음식을 조리하고 조리기구와 시설관리를 수행하는 직무이다.

- **수행준거**
1. 음식조리 작업에 필요한 위생관련 지식을 이해하고, 주방의 청결상태와 개인위생·식품위생을 관리하여 전반적인 조리작업을 위생적으로 수행할 수 있다.
2. 한식조리를 수행함에 있어 칼 다루기, 기본 고명 만들기, 한식 기초 조리법 등 기본적인 지식을 이해하고 기능을 익혀 조리업무에 활용할 수 있다.
3. 쌀을 주재료로 하거나 혹은 다른 곡류나 건과류, 육류, 채소류, 어패류 등을 섞어 물을 붓고 강약을 조절하여 호화되게 밥을 조리할 수 있다.
4. 곡류 단독으로 또는 곡류와 건과류, 채소류, 육류, 어패류 등을 함께 섞어 물을 붓고 불의 강약을 조절하여 호화되게 죽을 조리할 수 있다.
5. 육류나 어류 등에 물을 많이 붓고 오래 끓이거나 육수를 만들어 채소나 해산물, 육류 등을 넣어 한식 국·탕을 조리할 수 있다.
6. 육수나 국물에 장류나 젓갈로 간을 하고 육류, 채소류, 버섯류, 해산물류를 용도에 맞게 썰어 넣고 함께 끓여서 한식 찌개를 조리할 수 있다.
7. 육류, 어패류, 채소류 등의 재료를 익기 쉽게 썰고 그대로 혹은 꼬치에 꿰어서 밀가루와 달걀을 입힌 후 기름에 지져서 한식 전·적 조리를 할 수 있다.
8. 채소를 살짝 절이거나 생것을 영념하여 생채·회조리를 할 수 있다.

실기검정방법	작업형	시험시간	70분 정도

05 위생상태 및 안전관리 세부기준 안내

순번	구분	세부 기준
1	위생복 상의	• 전체 흰색, 손목까지 오는 긴소매 　– 조리과정에서 발생 가능한 안전사고(화상 등) 예방 및 식품위생(체모 유입방지, 오염도 확인 등) 관리를 위한 기준 적용 　– 조리과정에서 편의를 위해 소매를 접어 작업하는 것은 허용 　– 부직포, 비닐 등 화재에 취약한 재질이 아닐 것, 팔토시는 긴팔로 불인정 • 상의 여밈은 위생복에 부착된 것이어야 하며 벨크로(일명 찍찍이), 단추 등의 크기, 색상, 모양, 재질은 제한하지 않음(단, 핀 등 별도 부착한 금속성은 제외)
2	위생복 하의	• 색상 · 재질 무관, 안전과 작업에 방해가 되지 않는 발목까지 오는 긴바지 　– 조리기구 낙하, 화상 등 안전사고 예방을 위한 기준 적용
3	위생모	• 전체 흰색, 빈틈이 없고 바느질 마감 처리가 되어 있는 일반 조리장에서 통용되는 위생모[모자의 크기, 길이, 모양, 재질(면 · 부직포 등)은 무관]
4	앞치마	• 전체 흰색, 무릎 아래까지 덮이는 길이 　– 상하 일체형(목끈형) 가능, 부직포 · 비닐 등 화재에 취약한 재질이 아닐 것
5	마스크	• 침액을 통한 위생상의 위해 방지용으로 종류는 제한하지 않음(단, 감염병 예방법에 따라 마스크 착용 의무화 기간에는 '투명 위생 플라스틱 입가리개'는 마스크 착용으로 인정하지 않음)
6	위생화(작업화)	• 색상 무관, 굽이 높지 않고 발가락 · 발등 · 발뒤꿈치가 덮여 안전 사고를 예방할 수 있는 깨끗한 운동화 형태
7	장신구	• 일체의 개인용 장신구 착용 금지(단, 위생모 고정을 위한 머리핀 허용)
8	두발	• 단정하고 청결할 것, 머리카락이 길 경우 흘러내리지 않도록 머리망을 착용하거나 묶을 것
9	손/손톱	• 손에 상처가 없어야 하나, 상처가 있을 경우 보이지 않도록 할 것(시험위원 확인 하에 추가 조치 가능) • 손톱은 길지 않고 청결하며 매니큐어, 인조손톱 등을 부착하지 않을 것
10	폐식용유 처리	• 사용한 폐식용유는 시험위원이 지시하는 적재장소에 처리할 것
11	교차오염	• 교차오염 방지를 위한 칼, 도마 등 조리기구 구분 사용은 세척으로 대신하여 예방할 것 • 조리기구에 이물질(예, 테이프)을 부착하지 않을 것
12	위생관리	• 재료, 조리기구 등 조리에 사용되는 모든 것은 위생적으로 처리하여야 하며, 조리용으로 적합한 것일 것
13	안전사고 발생 처리	• 칼 사용(손 빔) 등으로 안전사고 발생 시 응급조치를 하여야 하며, 응급조치에도 지혈이 되지 않을 경우 시험진행 불가
14	눈금표시 조리도구	• 눈금표시된 조리기구 사용 허용 (실격 처리되지 않음, 2022년부터 적용) 　(단, 눈금표시에 재어가며 재료를 쓰는 조리작업은 조리기술 및 숙련도 평가에 반영)

15	부정 방지	• 위생복, 조리기구 등 시험장 내 모든 개인물품에는 수험자의 소속 및 성명 등의 표식이 없을 것 (위생복의 개인 표식 제거는 테이프로 부착 가능)
16	테이프 사용	• 위생복 상의, 앞치마, 위생모의 소속 및 성명을 가리는 용도로만 허용

※ 위 내용은 안전관리인증기준(HACCP) 평가(심사) 매뉴얼, 위생등급 가이드라인 평가 기준 및 시행상의 운영사항을 참고하여 작성된 기준입니다.

06 위생상태 및 안전관리에 대한 채점기준 안내

위생 및 안전상태	채점 기준
1. 위생복(상/하의), 위생모, 앞치마, 마스크 중 한 가지라도 미착용한 경우 2. 평상복(흰티셔츠, 와이셔츠), 패션모자(흰털모자, 비니, 야구모자) 등 기준을 벗어난 위생복장을 착용한 경우	실격 (채점대상 제외)
3. 위생복(상/하의), 위생모, 앞치마, 마스크를 착용하였더라도 • 무늬가 있거나 유색의 위생복 상의 · 위생모 · 앞치마를 착용한 경우 • 흰색의 위생복 상의 · 앞치마를 착용하였더라도 부직포, 비닐 등 화재에 취약한 재질의 복장을 착용한 경우 • 팔꿈치가 덮이지 않는 짧은 팔의 위생복을 착용한 경우 • 위생복 하의의 색상, 재질은 무관하나 짧은 바지, 통이 넓은 힙합스타일 바지, 타이츠, 치마 등 안전과 작업에 방해가 되는 복장을 착용한 경우 • 위생모가 뚫려있어 머리카락이 보이거나, 수건 등으로 감싸 바느질 마감 처리가 되어있지 않고 풀어지기 쉬워 일반 조리장용으로 부적합한 경우 4. 이물질(예, 테이프) 부착 등 식품위생에 위배되는 조리기구를 사용한 경우	'위생상태 및 안전관리' 점수 전체 0점
5. 위생복(상/하의), 위생모, 앞치마, 마스크를 착용하였더라도 • 위생복 상의가 팔꿈치를 덮기는 하나 손목까지 오는 긴소매가 아닌 위생복(팔토시 착용은 긴소매로 불인정), 실험복 형태의 긴 가운, 핀 등 금속을 별도 부착한 위생복을 착용하여 세부기준을 준수하지 않았을 경우 • 테두리선, 칼라, 위생모 짧은 창 등 일부 유색의 위생복 상의 · 위생모 · 앞치마를 착용한 경우(테이프 부착 불인정) • 위생복 하의가 발목까지 오지 않는 8부바지 • 위생복(상/하의), 위생모, 앞치마, 마스크에 수험자의 소속 및 성명을 테이프 등으로 가리지 않았을 경우 6. 위생화(작업화), 장신구, 두발, 손/손톱, 폐식용유 처리, 안전사고 발생 처리 등 '위생상태 및 안전관리 세부기준'을 준수하지 않았을 경우 7. '위생상태 및 안전관리 세부기준' 이외에 위생과 안전을 저해하는 기타사항이 있을 경우	'위생상태 및 안전관리' 점수 일부 감점

※ 위 기준에 표시되어 있지 않으나 일반적인 개인위생, 식품위생, 주방위생, 안전관리를 준수하지 않을 경우 감점 처리될 수 있습니다.
※ 수도자의 경우 제복 + 위생복 상의/하의, 위생모, 앞치마, 마스크 착용 허용

국가기술자격 실기시험문제 ①

자격종목	한식조리기능사	과 제 명	비 빔 밥

※ 문제지는 시험종류 후 반드시 반납하시기 바랍니다.

비번호		시험일시		시험장명	

※ 시험시간 : 50분

1. 요구사항

※ 주어진 재료를 사용하여 다음과 같이 비빔밥을 만드시오.

가. 채소, 소고기, 황·백지단의 크기는 0.3cm×0.3cm×5cm로 써시오.

나. 호박은 돌려깎기하여 0.3cm×0.3cm×5cm로 써시오.

다. 청포묵의 크기는 0.5cm×0.5cm×5cm로 써시오.

라. 소고기는 고추장 볶음과 고명에 사용하시오.

마. 담은 밥 위에 준비된 재료들을 색 맞추어 돌려 담으시오.

바. 볶은 고추장은 완성된 밥 위에 얹어내시오.

2. 수험자 유의사항

1) 만드는 순서에 유의하며, 위생과 숙련된 기능평가를 위하여 조리작업 시 맛을 보지 않습니다.

2) 지정된 수험자지참준비물 이외의 조리기구나 재료를 시험장내에 지참할 수 없습니다.

3) 지급재료는 시험 전 확인하여 이상이 있을 경우 시험위원으로부터 조치를 받고 시험 중에는 재료의 교환 및 추가지급은 하지 않습니다.

4) 요구사항 및 지급재료의 규격은 "정도"의 의미를 포함하며, 재료의 크기에 따라 가감하여 채점됩니다.

5) 위생복, 위생모, 앞치마, 마스크를 착용하여야 하며, 시험장비·조리기구 취급 등 안전에 유의합니다.

6) 다음 사항은 실격에 해당하여 **채점 대상에서 제외**됩니다.

　가) 수험자 본인이 시험 도중 시험에 대한 포기 의사를 표현하는 경우

　나) 위생복, 위생모, 앞치마, 마스크를 착용하지 않은 경우

　다) 시험시간 내에 과제 두 가지를 제출하지 못한 경우

　라) 문제의 요구사항대로 과제의 수량이 만들어지지 않은 경우

　마) 완성품을 요구사항의 과제(요리)가 아닌 다른 요리(예, 달걀말이→달걀찜)로 만든 경우

　바) 불을 사용하여 만든 조리작품이 작품특성에 벗어나는 정도로 타거나 익지 않은 경우

　사) 해당과제의 지급재료 이외 재료를 사용하거나, 요구사항의 조리기구(석쇠 등)로 완성품을 조리하지 않은 경우

　아) 지정된 수험자지참준비물 이외의 조리기술에 영향을 줄 수 있는 기구를 사용한 경우

　자) 가스레인지 화구 2개 이상(2개 포함) 사용한 경우

　차) 시험 중 시설·장비(칼, 가스레인지 등) 사용 시 시험위원 및 타수험자의 시험 진행에 위해를 일으킬 것으로 시험위원 전원이 합의하여 판단한 경우

　카) 요구사항에 표시된 실격 및 부정행위에 해당하는 경우

7) 항목별 배점은 위생상태 및 안전관리 5점, 조리기술 30점, 작품의 평가 15점입니다.

8) 시험시작 전 가벼운 몸 풀기(스트레칭) 동작으로 긴장을 풀고 시험을 시작합니다.

①

3. 지급재료목록

자격종목 (과제명)	한식조리기능사 (비빔밥)

일련 번호	재 료 명	규 격	단 위	수 량	비 고
1	쌀	30분정도 물에 불린 쌀	g	150	
2	애호박	중(길이 6cm)	g	60	
3	도라지	찢은 것	g	20	
4	고사리	불린 것	g	30	
5	청포묵	중(길이 6cm)	g	40	
6	소고기	살코기	g	30	
7	달걀		개	1	
8	건다시마	5x5cm	장	1	
9	고추장		g	40	
10	식용유		mL	30	
11	대파	흰부분(4cm)	토막	1	
12	마늘	중(깐 것)	쪽	2	
13	진간장		mL	15	
14	흰설탕		g	15	
15	깨소금		g	5	
16	검은후춧가루		g	1	
17	참기름		mL	5	
18	소금	정제염	g	10	

※ 국가기술자격 실기시험 지급재료는 시험종료 후(기권, 결시자 포함) 수험자에게 지급하지 않습니다.
※ 재료의 수급 상황에 따라 일부 지급재료가 변경될 수 있습니다.

시험 기본

01 한식의 특징

1) 주식과 부식이 뚜렷하게 구별되어 있다.
밥을 중심으로 하여 반찬은 밥에 맞추어 차리는 식의 상차림으로 음식의 색, 맛, 양, 온도, 영양 등이 다양하다. 반상차림에는 3첩, 5첩, 7첩, 9첩 반상이 있고, 조선시대 궁중에서 임금님께 12첩 반상을 차렸다.

2) 곡물류의 조리법이 발달하였다.
우리나라는 사계절이 뚜렷하고, 농경문화를 바탕으로 음식문화가 발달하여 왔으므로 쌀과 잡곡 등의 곡물류를 재료로 밥, 죽, 국수, 만두, 떡, 한과 등의 음식이 발달하였다.

3) 발효 또는 저장식품이 발달하였다.
각 계절에 맞춰 채소와 수조육류를 이용한 장류, 김치류, 젓갈류 등을 만들면서 발효식품의 개발과 식품의 저장 기술이 발달하였다.

4) 조화된 음식의 맛을 중요시하였다.
계절과 지역에 따라 재료의 특성과 맛을 살렸으며 삶고, 찌고, 끓이는 다양한 조리법이 발달하였다. 파와 마늘, 생강, 고춧가루 등 조미료와 향신료를 사용하고 식물성 기름을 즐겨 사용함으로써 다양하고 조화된 맛을 중요시하였다.

5) 절식과 시식이 발달하였다.
절식은 매달 명절이나 속절에 차려 먹는 음식으로 그날의 뜻을 새기기 위하여 제사나 행사를 지내는데, 이때 만드는 뜻있는 음식을 절식이라고 한다. 시식은 계절에 나는 식품으로 만드는 음식을 통틀어 말한다. 절식은 민속적 의미와 사회성이 있고, 시식은 특산의 고장에서 형성되고 발달된 고유성이 깊은 식생활 풍속이다.

6) 지역에 따른 향토 음식이 발달하였다.
지역적으로 기후의 차이가 있어 각 지방마다 생산되는 식품들이 다양하고 이러한 특성을 살린 음식들이 잘 발달하였다.

7) 약식동원에 기인된 조리법이 발달하였다.
"약과 음식은 그 근원이 같다."라는 뜻으로 먹는 것이 바르지 못하면 병이 생기고, 병이 생겨도 음식을 바로 하면 병이 낫는다고 했다. 한의학에서 신맛은 간장으로 가고 쓴맛은 심장으로 가며 단맛은 비장으로 가고 매운맛은 폐장으로 가며 짠맛은 신장으로 간다고 하였다. 이를 인체의 오장육부에 적용시켜 음식을 조리한다.

8) 의례를 중심으로 한 상차림이 발달하였고, 주체성과 풍류성이 뛰어났다.
9) 일반식에서는 대가족 중심으로 독상 중심의 상차림이 발달하였다.
10) 3첩, 5첩, 7첩, 9첩, 12첩 반상차림이 원칙이다.
11) 상차림이나 예법을 중요시하였다.
12) 공동식의 풍속이 발달하였다.

02 한식의 상차림

1) 죽상

새벽자리에서 일어나 처음 먹는 음식으로 가벼운 음식이다. 응이, 미음, 죽 등의 유동식을 중심으로 하고, 여기에 맵지 않은 동치미나 나박김치와 같은 국물김치를 곁들인다. 맑은 조치와 북어보푸라기, 육포, 어포 등 마른찬 등을 갖추어 낸다.

2) 반상차림

밥을 주식으로 하는 상차림으로 밥, 국, 김치, 장 외에 반찬의 수에 따라 3첩, 5첩, 7첩, 9첩, 12첩 반상으로 나눈다. 조선시대의 궁중에서는 12첩 반상의 수라상을 차렸고, 사대부집에서는 9첩 반상까지만 차리도록 제한하였다. 한 사람이 먹는 반상을 외상, 두 사람이 먹는 반상을 겸상이라고 한다.

• **3첩** – 밥, 국, 김치, 장 외에 세 가지 찬품을 내는 반상
　　　　　(생채 또는 숙채, 구이 또는 조림, 마른반찬 또는 장과, 젓갈)

• **5첩** – 밥, 국, 김치, 장, 찌개 외에 다섯 가지 찬품을 내는 반상
　　　　　(생채 또는 숙채, 구이, 조림, 전, 마른반찬 또는 장과, 젓갈)

• **7첩** – 밥, 국, 김치, 장, 찌개, 찜, 전골 외에 일곱 가지 찬품을 내는 반상
　　　(생채, 숙채, 구이, 조림, 전, 마른반찬 또는 장과, 젓갈, 회 또는 편육)

• **9첩** – 밥, 국, 김치, 장, 찌개, 찜, 전골 외에 아홉 가지 찬품을 내는 반상
　　　(생채, 숙채, 구이, 조림, 전, 마른반찬, 장과, 젓갈, 회 또는 편육)

• **12첩** – 밥, 국, 김치, 장, 찌개, 찜, 전골 외에 열두 가지 이상의 찬품을 내는 반상
　　　(생채, 숙채, 찬구이, 더운구이, 조림, 전, 마른반찬, 장과, 젓갈, 회, 편육, 수란)

3) 주안상

주류를 대접할 때 차리는 상으로 육포, 어포 등의 마른안주와 전, 편육, 찜, 신선로, 전골, 찌개와 같은 안주로 나누어지며, 차고 더운 음식을 때에 맞추어 내도록 한다. 또한 과일, 떡, 한과 등이 오른다.

4) 교자상

명절, 잔치, 회식 때 많은 사람이 모여 식사를 하는 경우에 손님에게 대접하는 상차림으로 잔치나 경사 등이 있을 때 마련하는 상이다. 종류를 지나치게 많이 하는 것보다 몇 가지 중심이 되는 요리를 잘 만들고 조화가 되도록 하는 것이 좋은 방법이다. 주식은 온면이나 냉면, 떡국, 만두 중 계절에 맞는 것을 내고, 탕, 찜, 전유어, 편육 등이 있다. 모든 음식을 다 든 후에는 송편, 주악, 석이버섯단자, 밤단자, 쑥굴레와 같은 떡이나 유생과 등을 후식으로 내놓는다.

5) 면상

주식은 국수이고, 점심에 많이 먹는 상차림으로 온면, 냉면, 떡국, 만둣국이 오르며, 찜, 겨자채, 잡채, 편육, 전, 배추김치, 나박김치, 생채 등의 부식이 오른다. 겨울에는 온면이나 떡국, 여름에는 냉면을 주로 낸다. 식후에는 떡류나 한과, 생과일 등이 곁들여지고 이때는 식혜, 수정과, 화채 중에서 한 가지를 놓는다. 술손님인 경우에는 주안상을 먼저 낸 후에 면상을 내도록 한다.

양념 & 고명

01 양념

양념은 "먹어서 약처럼 이롭기를 염두해둔다."라는 뜻으로 한자로는 약염(藥念)이라고 쓴다.

1) 소금
음식의 맛을 내는 데 가장 기본적인 조미료로 짠맛을 낸다. 맑은 국은 1%, 토장국이나 찌개는 2%, 찜은 더 강해야 맛있게 느껴진다. 종류로는 호렴, 재렴, 재제염, 식탁염, 맛소금 등이 있다. 호렴은 장을 담그거나 채소나 생선을 절일 때 쓰고, 재제염은 재렴 또는 꽃소금으로 불리는데 호렴에서 불순물을 제거한 것으로 음식에 간을 하거나 절일 때 쓰인다.

2) 설탕
사탕수수나 사탕무의 즙을 농축시켜 만든 것으로 가공에 따라 흑설탕, 황설탕 등이 있다.

3) 꿀
천연 감미료로 단맛이 강하고 소화성이 좋아 노인이나 위장이 약한 사람에게 좋다. 음식의 건조를 막아주고 떡, 과자, 약과 등에 사용한다.

4) 조청
녹말을 당화효소나 산으로 분해해서 만든 점성이 있는 묽은 엿을 말한다. 한과류나 조림에 많이 사용한다.

5) 간장
콩으로 만든 발효 식품 중의 하나로 간장의 간은 소금의 짠맛을 뜻한다. 국간장은 국을 끓이는 데 사용되는 간장으로 색이 흐리고, 감칠맛이 있고, 간이 센 것이 특징이다. 진간장은 조림, 장아찌 할 때 사용되는 간장으로 담근 햇수가 5년 이상 되어 맛이 달고, 색이 진하다.

6) 된장
된장의 된은 되다의 뜻이 있다. 콩을 삶아 메주를 만들고, 소금물에 담궈 발효시킨 후에 간장을 따라 내고 남은 건더기가 된장이다. 된장은 국, 찌개, 나물, 쌈장의 재료가 된다.

7) 고추장
찹쌀가루, 엿기름, 메주가루 등을 넣어 버무려 소금으로 간하여 만든다. 지방에 따라 찹쌀 대신에 멥쌀, 밀가루, 보리, 수수 등을 쓰기도 한다. 고추장은 된장국과 마찬가지로 찌개의 맛과 간을 하고, 조림, 구이 등 조미료로 사용된다.

8) 식초
인류가 만든 조미료 중에서 소금 다음으로 오래된 것으로 음식의 신맛을 주는 조미료이다. 주로 과실이나 곡류로 식초를 만든다. 식초는 식욕을 증진시키고, 소화액 분비를 촉진시킨다. 생채, 겨자채, 냉국, 나물, 무침류에 많이 사용한다.

9) 파

고기의 누린내나 생선의 비린내를 제거하는 데 쓰인다. 매운맛은 황화아릴이고, 자극적인 방향과 매운맛이 있다. 대파, 실파, 쪽파 등이 있다.

10) 마늘

매운 성분은 알리신(Allicin)으로 강한 살균력을 갖고 있고 체내에서 비타민 B_1의 흡수를 돕는다. 양념장으로 사용할 때는 곱게 다져서 사용하고, 향신료는 통째로, 고명으로는 채썰어 사용한다.

11) 생강

특수성분은 진저롤(Gingerol)이고 육류와 생선의 냄새를 없애고, 식용증진과 연육작용이 있다. 생강은 식품이 익은 후에 넣는 것이 냄새를 제거하는 데 효과적이다.

12) 고추가루

고추를 햇볕에 말려서 가루를 만들어야 빛이 곱고 매운맛이 강하며 감칠맛이 난다. 매운맛은 캡사이신(Capsaicin)으로 소화의 촉진제 역할을 한다. 굵은 고춧가루는 김치에, 고운 고춧가루는 생채나 고추장으로, 실고추는 고명으로, 건고추는 육수나 물김치에 사용한다.

13) 후추가루

특수성분은 캐비신(Chavicine)이고 육류와 어류의 살균작용을 한다. 후추는 덜 익었을 때 검은색을 띠고 완전히 익으면 붉게 된다. 검은 후추가루는 색깔이 검고 매운맛이 강해서 육류요리에 적합하고 흰 후추가루는 향과 맛이 부드럽고 매운맛이 약하여 수프나 생선요리에 적합하다. 통후추는 배숙이나 육수에 사용한다.

14) 참깨

착유하여 식용유 및 약용으로 이용하거나 볶은 후 소금을 넣고 빻아 깨소금을 만들어 나물무침, 볶음 요리에 쓰인다.

15) 참기름

참깨를 볶은 후 압착, 착유, 여과하여 얻은 반건성유이며, 고소한 향과 맛이 있다. 나물, 볶음요리 등 두루두루 한국음식에 많이 사용한다.

16) 계피

독특한 청량감, 방향, 쓴맛, 매운맛을 갖고 있어서 주스, 커피, 홍차 등 음료에 이용된다. 우리나라 음식에서는 가루로 만들어 떡이나 약식에 사용한다.

17) 월계수잎

특이한 향미가 있고, 서양요리의 육수, 소스 등에 다양하게 쓰인다.

18) 타임

스튜, 생선수프, 토마토 음식에 많이 이용되고 살균, 방부효과가 있다.

19) 정향

식욕 증진에 도움을 주고 고기의 냄새를 제거한다.

20) 바질

토마토소스와 잘 어울리며 스파게티, 피자, 샐러드에 이용된다.

02 고명

- 음식의 겉모양과 색을 좋게 하기 위해 위에 뿌리거나 덧붙여서 장식하는 것을 말한다. 웃기 또는 꾸미라고도 한다. 오방색인 붉은색, 녹색, 노란색, 검정색, 흰색이 기본이다.
- 붉은색은 홍고추, 실고추, 대추 등으로, 녹색은 미나리 초대, 실파, 오이, 호박, 은행 등으로, 노란색은 황색 지단으로, 흰색은 백색 지단과 잣 등으로, 검은색은 석이버섯, 표고버섯, 흑임자 등을 사용한다.

1) 달걀 지단
- 달걀을 흰자와 노른자로 나누어 소금으로 간을 하고 거품이 생기지 않도록 잘 젓는다. 기름으로 코팅한 팬에 달걀을 얇게 펴서 약한 불로 타지 않게 익혀 낸다.
- 채를 썰어서 잡채, 국수, 찬류에, 골패모양은 전골, 국 등에, 마름모꼴은 만두, 찜 등에 쓰인다.

2) 미나리 초대
- 미나리는 줄기만 여러 줄 꿰어서 밀가루, 달걀물을 묻혀서 앞뒤로 지단처럼 지진다.
- 마름모꼴이나 골패모양으로 썰어서 탕, 전골, 신선로 등에 넣는다.

3) 표고버섯, 석이버섯, 목이버섯
- 말린 버섯은 물에 불려서 부드럽게 만들어 사용한다.
- 표고버섯은 채를 썰거나 골패모양으로 썰어서 양념하여 볶아서 찜, 볶음 등에 사용한다.
- 석이버섯은 돌돌 말아서 가늘게 채를 썰어서 김치류, 국수, 떡 등에 사용한다.
- 목이버섯은 채를 썰거나 찢어서 양념하여 볶아서 사용한다.

4) 은행
- 팬에 기름을 두르고 소금을 약간 넣어 껍질이 벗겨지고 연두색 빛이 돌면 키친타월로 비벼 깨끗하게 껍질을 벗긴다.
- 찜, 전골, 신선로, 마른안주에 사용한다.

5) 통잣, 비늘잣, 잣가루

- 잣을 실백이라고도 하며, 고깔을 떼고 사용한다. 비늘잣은 길이로 반을 가른 것을 말한다.
- 잣가루는 잣을 종이나 한지에 놓고 밀대로 밀고 칼로 곱게 다져서 고슬고슬하게 다진 것을 말한다.
- 육회, 매작과, 홍합초 등에 뿌린다.

6) 고추, 실고추

- 고추는 씨를 빼고 물기를 닦아 곱게 채를 썰거나 완자형, 골패형으로 사용한다.
- 실고추는 적당하게 끊어서 나물, 김치, 국수 등의 고명에 사용한다.

7) 통깨

통깨는 그대로 쓰거나 소금을 조금 넣고 빻아 깨소금으로 쓰인다.

8) 밤

단단한 겉껍질을 벗기고 채를 썰거나 삶아서 으깨고 체에 걸러서 떡의 고물로 사용한다. 또는 저며서 겨자채, 김치, 냉채 등에 사용한다.

9) 대추

대추는 돌려깎기하여 채를 썰거나 돌돌 말아서 꽃 모양으로 만들어 음식보다는 떡, 음청류, 김치에 사용한다.

식품의 계량

01 계량 단위

- **1C** = 컵 = Cup = 200cc = 200mL(미국은 240mL)
- **1TS** = 큰술 = Table Spoon = 15cc = 15mL = 3ts
- **1ts** = 작은술 = tea spoon = 5cc = 5mL
- **1oz** = 28.4g = 약 30mL
- **1Pint** = 파인트 = 480mL = 16oz
- **1Quart** = 쿼터 = 960mL = 32oz
- **1Gallon** = 갤런 = 4Quarts
- **1LB** = 1pound = 파운드 = 453.6g = 16oz
- **1Kg** = 2.2Pounds

02 계량법

1) 밀가루, 쌀가루 등 입자가 작은 가루 재료
체로 쳐서 누르지 않고 수북하게 담아 흔들지 말고 편편하게 깎아 측정한다.

2) 지방
버터, 마가린과 지방은 저울로 계량하는 것이 바람직하나, 컵이나 스푼으로 계량할 때는 실온에서 계량컵에 꼭꼭 눌러 담아 깎아서 계량한다.

3) 흑설탕
흑설탕은 꼭꼭 눌러서 수평으로 깎아서 잰다.

4) 액체
물엿, 꿀과 같은 점성이 큰 것은 큰 계량컵을 사용하고 눈금과 액체 표면의 아래 부분을 눈과 같은 높이로 맞추어 계량한다.

5) 된장, 고추장
빈 공간이 없도록 채워서 윗면을 수평으로 깎아서 잰다.

03 계량기구

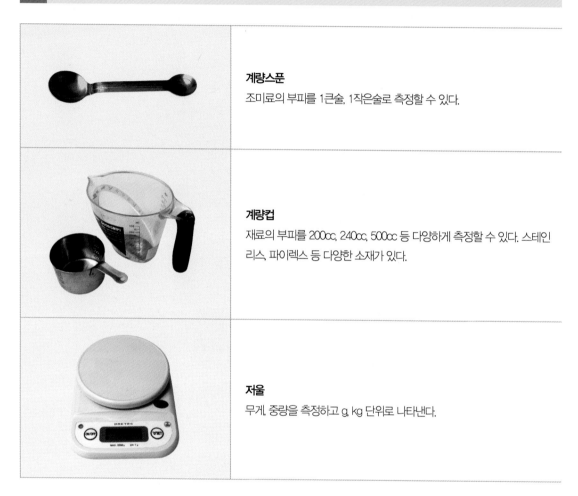

계량스푼
조미료의 부피를 1큰술, 1작은술로 측정할 수 있다.

계량컵
재료의 부피를 200cc, 240cc, 500cc 등 다양하게 측정할 수 있다. 스테인리스, 파이렉스 등 다양한 소재가 있다.

저울
무게, 중량을 측정하고 g, kg 단위로 나타낸다.

동글썰기 **(원형, 통 썰기)**		호박, 오이, 당근 등을 동글동글한 모양으로 살려 써는 방법
반달썰기		무, 호박, 감자 등을 반으로 가른 다음 반달 모양으로 써는 방법
은행잎썰기		무, 호박, 감자 등을 4등분한 다음 고르게 은행잎으로 써는 방법
나박썰기		정사각형으로 썰어서 나박하게 얇게 저미는 방법
깍둑썰기		감자, 무, 당근 등을 주사위 모양으로 써는 방법
저며썰기 **(편썰기)**		무, 마늘 등을 얇고 고르게 써는 방법
골패썰기		무, 당근, 오이 등을 직사각형 모양으로 얇게 써는 방법

채썰기		무, 당근, 오이 등을 얇게 저며 가늘게 써는 방법
돌려깎기		오이, 호박 등 원통형 재료를 껍질에 칼집을 넣어 겉껍질을 돌려 깎는 방법
밤톨썰기		감자, 무, 당근 등 단단한 야채를 모서리를 다듬어 밤톨 모양으로 만드는 방법
다지기		파, 마늘, 생강 등을 잘게 썰고 곱게 만드는 방법
어슷썰기		고추, 대파 등을 칼을 비스듬하게 하여 어슷하게 써는 방법
송송썰기		고추, 실파, 미나리 등 단면이 작은 재료를 작게 써는 방법

한식조리기능사
실기 공개문제

한식메뉴 계획에 따라 식재료를 선정, 구매, 검수, 보관 및 저장하며 맛과 영양을 고려하여 안전하고 위생적으로 음식을 조리하고 조리기구와 시설관리를 수행하는 직무이다.

재료썰기

반복학습 1 2 3   조리법 기초조리실무   시험시간 25분

▶ 합격 강의

준비할 재료

무 100g, 오이 25cm 1/2개, 당근 6cm 1토막, 달걀 3개, 식용유 20 mL, 소금 10g

요구사항

주어진 재료를 사용하여 다음과 같이 재료썰기를 하시오.

1. 무, 오이, 당근, 달걀지단을 썰기하여 전량 제출하시오. (단, 재료별 써는 방법이 틀렸을 경우 실격)
2. 무는 채썰기, 오이는 돌려깎기하여 채썰기, 당근은 골패썰기를 하시오.
3. 달걀은 흰자와 노른자를 분리하여 알끈과 거품을 제거하고 지단을 부쳐 완자(마름모꼴) 모양으로 각 10개를 썰고, 나머지는 채썰기를 하시오.
4. 재료 썰기의 크기는 다음과 같이 하시오.
   - 채썰기 : 0.2cm × 0.2cm × 5cm
   - 골패썰기 : 0.2cm × 1.5cm × 5cm
   - 마름모형 썰기 : 한 면의 길이가 1.5cm

이렇게 썰기

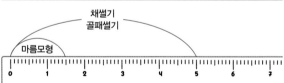

채썰기
골패썰기

마름모형

무는 껍질을 벗기고 0.2cm×0.2cm×5cm 로 채를 썬다.

오이는 소금으로 문질러 씻고, 가시를 제거한다. 오이는 5cm로 자르고 껍질 부분을 돌려 깎아 0.2cm×0.2cm×5cm로 채를 썬다.

당근은 껍질을 제거하고, 길이 5cm를 먼저 맞추고, 0.2cm×1.5cm×5cm가 되도록 골패썰기를 한다.

달걀은 흰자와 노른자로 분리를 하고, 약간의 소금을 넣어 기포가 많이 나지 않도록 한 후 끈기 없이 푼다. 알끈과 기포를 제거한다.

팬에 기름을 두르고 키친타월로 닦아 기름이 많지 않게 하고, 불은 약한 불로 한다. 달걀의 색이 노릇해지지 않게 앞뒤로 익힌다.

달걀은 식은 후에 1.5cm로 길게 자르고, 45도 각도로 어슷하게 자른다. 흰자 10개, 노른자 10개씩 마름모꼴 모양으로 썬다. 남은 지단은 0.2cm×0.2cm×5cm로 채를 썬다.

🍳 기적의 TIP

- 달걀 3개를 부칠 때 한 번에 부치면 뒤집기도 힘들고, 두꺼운 지단이 만들어지므로 2~3회 정도 나누어 지단을 만든다. 새로 부칠 때마다 기름으로 코팅을 해야 들러붙지 않는다.
- 모든 재료는 전량 한 접시에 담아 제출한다.

콩나물밥

▶ 합격 강의

준비할 재료

불린 쌀 150g, 콩나물 60g, 소고기 30g

소고기 양념장

진간장 1작은술, 다진 파, 다진 마늘, 참기름

요구사항

주어진 재료를 사용하여 다음과 같이 콩나물밥을 만드시오.

1. 콩나물은 꼬리를 다듬고 소고기는 채썰어 간장양념을 하시오.
2. 밥을 지어 전량 제출하시오.

1

콩나물은 깨끗이 씻은 후 꼬리를 제거한다.

2

불린 쌀은 깨끗이 씻어 체에 받치고 물기를 뺀다.

3

파와 마늘은 다지고, 핏물을 뺀 소고기는 채썰어 양념한다.

4

냄비에 쌀, 콩나물, 소고기 순서로 올리고 물을 쌀 부피의 0.9배를 넣는다.

5

강불로 끓이다가 끓으면 약불로 줄여서 7~8분 정도 끓이고 불을 끄고 10분 이상 뜸들인다.

6

밥을 골고루 잘 섞어서 완성 그릇에 담아 제출한다.

🍳 기적의 TIP

- 원래 냄비밥을 할 때에는 쌀과 물의 부피를 같게 하여 밥을 하지만, 콩나물밥은 콩나물의 수분 때문에 질어질 수 있으므로 물을 적게 넣는다[쌀 부피가 1컵(=200mL)이면 물은 180mL를 넣는다].
- 밥을 할 때 뚜껑을 자주 여닫으면 비린내가 날 수 있다.
- 소고기의 양념장에 후추, 깨 등을 넣어 실격되지 않도록 한다.
- 소고기는 절대로 채썰어 부서지지 않게 한다.

비빔밥

▶ 합격 강의

준비할 재료

불린 쌀 150g, 애호박 60g, 고사리 30g, 찢은 도라지 20g, 청포묵 40g, 달걀 1개, 소고기 30g, 건다시마 (5cm×5cm) 1장, 소금, 식용유

볶은 고추장 양념장

고추장 1큰술, 설탕 1/2큰술, 참기름, 물 약간, 다진 소고기

소고기, 고사리 양념장

진간장 1큰술, 설탕 1/2큰술, 다진 파, 다진 마늘, 검은 후춧가루, 깨소금, 참기름

요구사항

주어진 재료를 사용하여 다음과 같이 비빔밥을 만드시오.

1. 채소, 소고기, 황·백지단의 크기는 0.3cm×0.3cm ×5cm로 써시오.
2. 호박은 돌려깎기하여 0.3cm×0.3cm×5cm로 써시오.
3. 청포묵의 크기는 0.5cm×0.5cm×5cm로 써시오.
4. 소고기는 고추장 볶음과 고명에 사용하시오.
5. 담은 밥 위에 준비된 재료들을 색 맞추어 돌려 담으시오.
6. 볶은 고추장은 완성된 밥 위에 얹어 내시오.

이렇게 썰기

재료 길이

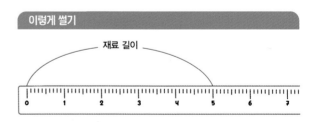

1 청포묵은 0.5cm×0.5cm×5cm로 채썰어 끓는 물에 데친 후 찬물에 헹구어 수분을 제거하고 소금, 참기름으로 밑간한다.

2 애호박은 돌려깎기하여 0.3cm×0.3cm × 5cm로 채썰어 소금에 10분 정도 절인 후 헹구어 수분을 제거한다.

3 도라지는 0.3cm×0.3cm×5cm로 채썰어 소금을 넣고 주물러서 쓴맛을 빼고 10분 정도 절인 후 헹구어 수분을 제거한다.

4 불린 쌀에 물을 동량으로 넣어 뚜껑을 닫고 강불로 끓인다. 끓으면 약불로 줄여 7~8분 정도 끓인 후 불을 끄고 뜸들여서 밥을 고슬고슬하게 짓는다.

5 파와 마늘은 다지고, 고사리는 5cm로 채썰어 갖은 양념을 한다.

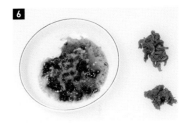

6 소고기의 일부는 0.2cm×0.2cm×6cm로 채썰어 갖은 양념을 하고, 나머지는 다져서 볶은 고추장으로 사용한다.

7 팬에 황·백지단을 부치고 다시마를 튀긴 후 도라지, 애호박, 고사리, 소고기 순서로 볶는다. 황·백지단은 0.3cm×0.3cm × 5cm로 채썬다.

8 팬에 참기름을 두르고 약불에서 다진 소고기를 볶다가 고추장, 설탕, 물을 넣어 볶은 고추장을 만든다.

9 밥을 완성 그릇에 담고 재료를 돌려 담은 후 볶은 고추장과 다시마를 얹는다.

🍳 기적의 TIP

- 밥이 타거나 설익지 않도록 물의 양과 시간 조절을 잘한다.
- 다시마는 높은 온도에서 튀기면 쓴맛이 나고 색이 검게 변하므로, 약한 불에서 황갈색이 되도록 튀긴다.
- 밥을 편편하게 깔면 돌려 담는 채소가 떨어지지 않아 모양이 보기 좋다.
- 볶은 고추장의 농도가 묽으면 채소에 흘러내리고 되직하면 비벼지지 않는다.
- 소고기는 익으면 길이가 줄어들고 폭은 두꺼워지므로 요구사항보다 가늘고 길게 썬다.

장국죽

▶합격 강의

준비할 재료

쌀 100g, 소고기 20g, 불린 표고버 섯 1개, 참기름, 국간장

표고버섯 양념장

진간장 1/2작은술, 참기름

소고기 양념장

진간장 1/2작은술, 다진 파, 다진 마 늘, 검은 후춧가루, 깨소금, 참기름

요구사항

주어진 재료를 사용하여 다음과 같이 장국죽을 만드 시오.

1. 불린 쌀을 반 정도로 싸라기를 만들어 죽을 쑤시오.
2. 소고기는 다지고 불린 표고버섯은 3cm의 길이로 채 써시오.

이렇게 썰기

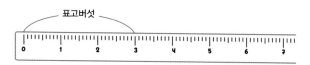
표고버섯

불린 쌀은 수분을 제거하고 절구를 이용하여 쌀알이 반 정도로 부수어지게 한다.

표고버섯은 3cm로 채썰어 양념한다.

파와 마늘은 다지고, 소고기는 다져서 양념한다.

냄비에 참기름을 두르고 약한 불로 소고기, 표고, 쌀 순서로 볶는다. 쌀이 투명해지고 전분이 나와 끈적해질 때까지 볶는다.

쌀 부피의 6배의 물을 붓고 강불로 끓이다가 끓으면 중불로 줄이고 거품을 제거한다. 물이 반으로 줄어들면 약불로 끓인다.

물 양이 줄어들고 다 퍼지면 국간장으로 간과 색을 맞춘다. 전체 양에 따라 다르지만 1큰술 정도 넣는다.

기적의 TIP

- 쌀은 골고루 빻고, 절구가 없을 경우 밀대나 칼로 다지거나 비닐봉투에 쌀을 넣어 미는 방법을 이용한다.
- 장국죽의 소고기와 표고버섯 양념에 설탕이 들어가면 죽이 삭으므로 넣지 않는다.
- 죽을 끓일 때 주걱으로 저어 바닥에 눌어붙지 않도록 한다.
- 간은 가장 마지막에 맞춰야 탁하거나 짜지 않고 죽이 삭지 않는다.

완자탕

▶ 합격 강의

준비할 재료

소고기(살코기) 50g, 소고기(사태) 20g, 두부 15g, 달걀 1개, 대파, 마늘, 밀가루, 식용유, 소금, 국간장, 키친타월(종이)

완자 양념

소금, 설탕, 다진 대파, 다진 마늘, 검은 후춧가루, 깨소금, 참기름

요구사항

주어진 재료를 사용하여 다음과 같이 완자탕을 만드시오.

1. 완자는 직경 3cm로 6개를 만들고, 국 국물의 양은 200mL 이상 제출하시오.
2. 달걀은 지단과 완자용으로 사용하시오.
3. 고명으로 황·백지단(마름모꼴)을 각 2개씩 띄우시오.

이렇게 썰기

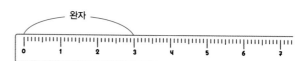

완자

냄비에 핏물을 제거한 소고기(사태), 찬물 2~3컵, 대파, 마늘을 넣고 강한 불로 끓인다. 끓으면 약~중불로 줄여 10분 정도 끓인다. 다 끓여진 육수는 체와 면포에 걸러서 소금과 국간장으로 색과 간을 맞춘다.

두부는 면포로 수분을 제거하고 칼면으로 곱게 으깬다.

대파와 마늘, 소고기(살코기)를 곱게 다진다.

다진 소고기와 으깬 두부를 3:1 비율로 섞어서 양념하고 잘 치댄 후 소를 직경 3cm 정도의 완자로 6개 빚는다.

팬에 황·백지단을 부치고, 완자는 밀가루, 달걀물을 순서대로 묻혀 중불에서 굴려가며 익힌다.

육수를 끓여 완자를 넣고 살짝 익힌다. 오래 익히면 국물 색이 탁해지므로 1분 이내로 익힌다.

완성 그릇에 완자와 국물 200mL 이상을 담고, 황·백지단을 각 2개씩 마름모꼴 모양으로 썰어 고명으로 얹는다.

기적의 TIP

- 소고기와 두부는 곱게 다지고 양념한 후 많이 치대야 갈라지지 않고 표면이 매끄럽다.
- 지급된 달걀 1개로 지단을 만들고 완자 옷을 입혀야 한다.
- 완자는 팬에서 80% 이상 익히고, 육수에서 20% 정도 익힌다.
- 팬에서 굴릴 때 기름이 많거나 강불이면 완자의 색이 진하고, 속은 잘 익지 않는다.
- 완자를 육수에 넣을 때는 기름기를 제거하고 넣어야 국물이 맑다.

두부젓국찌개

▶ 합격 강의

준비할 재료

두부 100g, 생굴 30g, 실파 1뿌리, 홍고추 1/2개, 새우젓 10g, 마늘, 참기름, 소금

요구사항

주어진 재료를 사용하여 다음과 같이 두부젓국찌개를 만드시오.

1. 두부는 2cm×3cm×1cm로 써시오.
2. 홍고추는 0.5cm×3cm, 실파는 3cm 길이로 써시오.
3. 소금과 다진 새우젓의 국물로 간하고, 국물을 맑게 만드시오.
4. 찌개의 국물은 200mL 이상 제출하시오.

이렇게 썰기

홍고추
실파

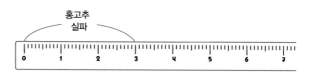

두부는 2cm×3cm, 두께 1cm가 되도록 썰고, 찬물에 헹구어 두부 찌꺼기를 제거한다.

마늘은 다지고, 실파는 3cm 길이로 썬다.

홍고추는 반으로 갈라 씨를 제거하고, 0.5cm×3cm 크기로 썬다.

굴은 연한 소금물에 흔들어 씻어 깨끗하게 준비한다.

새우젓 1작은술을 다져 면포로 감싼다. 볼에 물 1큰술을 담고 새우젓을 감싼 면포를 헹궈 짜서 맑은 국물을 만든다.

냄비에 물 2컵을 넣어 끓이고, 끓으면 중불로 줄여 소금과 두부를 넣는다. 두부가 반 정도 익으면 굴을 넣고 굴이 탱탱해지면 다진 마늘, 새우젓으로 간을 한다. 실파, 홍고추를 넣고 조금 더 끓인 후 불을 끄고 참기름을 몇 방울 떨어뜨려 완성한다.

기적의 TIP

- 맑은 찌개이므로 굴과 채소를 잘 헹구고, 새우젓은 국물만 사용한다.
- 오래 끓이거나 강불로 끓이면 국물이 맑지 않다.
- 굴이나 새우젓을 넣은 후 거품이 생기면 거품을 제거해서 맑게 완성시킨다.
- 참기름은 완성 그릇에 담은 후 마지막에 떨어뜨려야 깔끔하다.
- 제시된 국물양 200mL 이상을 반드시 내어야 한다. 부족하면 실격될 수 있으므로 주의한다.

생선찌개

▶ 합격 강의

준비할 재료

동태(300g 정도) 1마리, 무 60g, 애호박 30g, 두부 60g, 풋고추 1개, 홍고추 1개, 쑥갓 10g, 마늘 2쪽, 생강 10g, 실파 2뿌리, 고추장 30g, 소금 10g, 고춧가루 10g

요구사항

주어진 재료를 사용하여 다음과 같이 생선찌개를 만드시오.

1. 생선은 4~5cm의 토막으로 자르시오.
2. 무, 두부는 2.5cm×3.5cm×0.8cm로 써시오.
3. 호박은 0.5cm 반달형, 고추는 통 어슷썰기, 쑥갓과 파는 4cm로 써시오.
4. 고추장, 고춧가루를 사용하여 만드시오.
5. 각 재료는 익는 순서에 따라 조리하고, 생선살이 부서지지 않도록 하시오.
6. 생선머리를 포함하여 전량 제출하시오.

이렇게 썰기

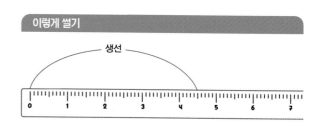
생선

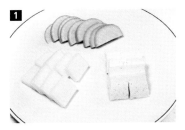

무와 두부는 2.5cm×3.5cm×0.8cm 정도로 일정하게 썰고, 호박은 0.5cm 두께의 반달형 모양으로 썬다.

마늘과 생강은 다지고, 쑥갓과 실파는 4cm 길이로 썰고, 고추는 어슷하게 썬다.

동태는 비늘, 지느러미를 제거하고, 머리를 자른다. 내장에서 알이나 곤이는 골라내고, 머리의 아가미와 내장 부분, 주둥아리는 제거한다.

몸통의 크기는 4~5cm 정도가 되도록 토막낸다.

냄비에 물 4컵, 무를 넣어 끓이고 고추장 2큰술과 고춧가루 1큰술을 푼다.

끓으면 생선을 넣어 익히고 반쯤 익으면 호박, 다진 마늘, 다진 생강, 두부 순서로 넣어 채소를 익힌다. 중간에 거품을 제거하여 불순물을 없앤다.

채소가 반쯤 익으면 풋고추, 홍고추, 쑥갓, 실파를 넣고 소금으로 간을 맞춘 후 불을 끈다.

🍳 기적의 TIP

- 동태가 부서지지 않게 자르고, 물에 많이 씻거나 힘을 주어 짓이기면 맛도 빠지고 형태가 흐트러진다.
- 단단한 채소인 무, 호박부터 넣어 끓이는데 너무 물러지거나 덜 익지 않게 한다.
- 찌개의 색이 부족하다면 고춧가루로 맛과 색을 맞추어 낸다.
- 찌개는 국물과 건더기의 비율이 1:20다.

생선전

▶합격 강의

준비할 재료

동태(400g 정도) 1마리, 밀가루 30g, 달걀 1개, 소금, 흰 후춧가루 2g, 식용유

요구사항

주어진 재료를 사용하여 다음과 같이 생선전을 만드시오.

1. 생선은 세장 뜨기하여 껍질을 벗겨 포를 뜨시오.
2. 생선전은 0.5cm×5cm×4cm로 만드시오.
3. 달걀은 흰자, 노른자를 혼합하여 사용하시오.
4. 생선전은 8개 제출하시오.

1

동태는 비늘, 지느러미를 제거하고, 머리를 잘라 내장을 제거한다.

2

몸통은 양쪽 지느러미, 꼬리 쪽에 칼집을 넣어 살 2장, 뼈 1장으로 분리하는 세장뜨기를 한다.

3

살에서 잔가시와 잔뼈를 제거하고, 껍질을 살에서 분리한다.

4

생선살은 길이 6cm, 가로 4.5cm, 두께 0.3∼0.4cm가 되도록 포를 떠서 소금, 흰 후추로 밑간을 한다.

5

달걀은 흰자의 양을 조금 줄여서 노른자와 흰자에 소금을 조금 넣어 풀어 놓는다.

6

생선포에 밀가루, 달걀물을 순서대로 묻혀 팬에서 약불로 색이 나지 않게 익힌다.

기적의 TIP

- 세장뜨기할 때 뼈에 살이 남아 있지 않도록 하고, 살이 부서지지 않게 한다.
- 껍질을 제거할 때 껍질이 도마에 닿게 하고 왼손으로 껍질을 잡고 오른손에 칼을 잡아 눕혀서 비비며 껍질을 제거한다.
- 생선의 길이는 익으면서 많이 줄어들고, 가로는 약간 늘어나므로 완성 크기를 생각하여 성형하는 것이 좋다.
- 밀가루와 달걀물은 팬에서 지지기 직전에 묻히는 것이 반죽 옷이 떨어지지 않아 좋고, 색이 곱게 나온다.

육원전

▶ 합격 강의

준비할 재료

소고기 70g, 두부 30g, 밀가루 20g, 달걀 1개, 소금, 식용유

소 양념

소금, 설탕, 다진 대파, 다진 마늘, 검은 후춧가루, 깨소금, 참기름

요구사항

주어진 재료를 사용하여 다음과 같이 육원전을 만드시오.

1. 육원전은 지름 4cm, 두께가 0.7cm가 되도록 하시오.
2. 달걀은 흰자, 노른자를 혼합하여 사용하시오.
3. 육원전 6개를 제출하시오.

이렇게 썰기

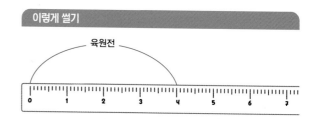

육원전

두부는 면포로 수분을 제거하고 곱게 으깬다.

파와 마늘은 다진다.

소고기는 핏물을 제거하고 곱게 다진다.

고기와 두부를 3:1 비율로 섞고 양념하여 많이 치댄다.

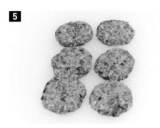

완자의 크기가 지름 4cm, 두께가 0.7cm 정도가 되도록 6개를 만든다.

완자에 밀가루, 달걀물을 순서대로 묻혀 팬에서 약불로 속까지 잘 익혀 제출한다.

기적의 TIP

- 재료를 곱게 다져서 수분을 제거해야 모양을 만들기 쉽고 갈라지지 않는다.
- 고기와 두부의 비율이 3:1이어야 색, 맛, 형태가 좋다.
- 익는 과정에서 지름은 줄어들고 두께는 두꺼워지므로 지름은 4.5cm 정도로 크게 하고 두께는 얇게 성형하는 것이 좋다.
- 달걀은 흰자, 노른자를 혼합하여 사용하는데 흰자를 조금 덜어 사용하면 색을 노랗게 완성할 수 있다.
- 육원전, 표고전, 풋고추전, 생선전 등 전 종류를 지질 때는 불을 약하게 하고 기름을 적게 둘러야 색이 나지 않으면서 속까지 익힐 수 있다.

표고전

▶합격 강의

준비할 재료

건표고버섯 불린 것 5개, 소고기 30g, 두부 15g, 밀가루 20g, 달걀 1개, 소금, 식용유

표고버섯 양념

진간장 1작은술, 설탕 1/2작은술, 참기름

소 양념

소금, 설탕, 다진 대파, 다진 마늘, 검은 후춧가루, 깨소금, 참기름

요구사항

주어진 재료를 사용하여 다음과 같이 표고전을 만드시오.

1. 표고버섯과 속은 각각 양념하여 사용하시오.
2. 표고전은 5개를 제출하시오.

1

두부는 면포로 수분을 제거하고 곱게 으깬다.

2

파와 마늘은 다지고 소고기는 핏물을 제거하여 곱게 다진다.

3

고기와 두부를 3:1 비율로 섞고 양념하여 많이 치댄다.

4

불려진 표고버섯은 기둥을 제거하고 안쪽에 양념한다.

5

표고버섯 안쪽에 덧가루를 바르고 소를 편편하게 채워 넣는다.

6

밀가루, 달걀물을 순서대로 묻혀 팬에서 약불로 속까지 잘 익혀 제출한다.

🧑‍🍳 **기적의 TIP**

- 표고전, 풋고추전에서 달걀물은 노른자만 사용하는 것이 색이 좋으나, 양이 부족할 경우 흰자를 소량 섞어 사용한다.
- 표고전, 풋고추전에서 소를 채울 때는 편편하게 채우는 것이 속이 잘 익고, 익으면서 소가 부풀게 되므로 많이 채우지 않는다.
- 표고버섯의 윗부분(검은 부분)의 색을 살리기 위해 밀가루, 달걀물을 묻히지 않고 고기 부분에만 묻힌다.

섭산적

▶ 합격 강의

준비할 재료

소고기 80g, 두부 30g, 잣 10개, 식용유

양념장

소금 1/3작은술, 설탕 1/3작은술, 다진 파, 다진 마늘, 검은 후춧가루, 깨소금, 참기름

요구사항

주어진 재료를 사용하여 다음과 같이 섭산적을 만드시오.

1. 고기와 두부의 비율을 3:1로 하시오.
2. 다져서 양념한 소고기는 크게 반대기를 지어 석쇠에 구우시오.
3. 완성된 섭산적은 0.7cm×2cm×2cm로 9개 이상 제출하시오.
4. 잣가루를 고명으로 얹으시오.

이렇게 썰기

섭산적

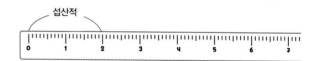

두부는 면포로 수분을 제거하고 곱게 으깬다.

소고기는 핏물을 제거하고 곱게 다진다. 힘줄이나 기름이 많으면 제거하면서 다진다.

소고기와 두부의 비율을 3:1로 섞고 양념하여 갈라지지 않도록 끈기있게 치댄다.

도마에 기름칠을 하고 높이 0.7cm, 가로, 세로 8cm 정도 되도록 반대기를 빚어 잔칼집을 넣는다.

석쇠는 불에 달궈 소독하고 수저로 긁어 이물질을 제거한 후 키친타월에 식용유를 묻혀 코팅한다.

석쇠에 섭산적을 얹고, 중불에서 석쇠를 10cm 정도 띄운 채 타지 않게 앞·뒤 면을 익힌다.

잣을 고슬고슬하게 다진다.

식은 후 섭산적의 가장자리를 정리하여 2cm×2cm로 비벼 썬다. 완성 그릇에 담고 잣가루를 뿌린다.

🧑‍🍳 기적의 TIP

- 고기와 두부를 곱게 으깨거나 다지지 않으면 갈라지기 쉽고 표면이 거칠어진다.
- 반대기를 빚을 때 도마에 식용유를 바르거나 비닐이나 호일을 깔아서 잘 떨어지게 할 수 있다.
- 석쇠에 재료가 들러붙을 수 있으므로 기름 코팅을 꼼꼼하게 해야 하며, 재료가 식은 후 석쇠에서 분리하면 쉽게 잘 떨어진다.
- 두부가 많거나, 수분을 지나치게 제거하거나, 오래 굽거나, 덜 익히거나, 뜨거울 때 썰면 섭산적이 부서진다.

화양적

▶ 합격 강의

준비할 재료

소고기 50g, 건표고버섯 불린 것 1개, 당근 50g, 오이 1/2개, 통도라지 1개, 산적꼬치 2개, 달걀 2개, 소금, 식용유, 잣 10개

표고버섯 양념장

진간장 1/2작은술, 설탕, 참기름

소고기 양념장

진간장 1작은술, 설탕 1/2작은술, 다진 파, 다진 마늘, 검은 후춧가루, 깨소금, 참기름

요구사항

주어진 재료를 사용하여 다음과 같이 화양적을 만드시오.

1. 화양적은 0.6cm×6cm×6cm로 만드시오.
2. 달걀 노른자로 지단을 만들어 사용하시오. (단, 달걀 흰자 지단을 사용하는 경우 실격)
3. 화양적은 2꼬치를 만들고 잣가루를 고명으로 얹으시오.

이렇게 썰기

화양적

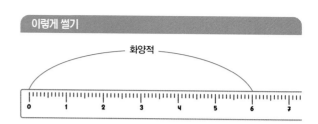

1

도라지와 당근은 길이 6cm, 폭 1cm, 두께 0.6cm로 썰어 소금물에 30초 정도 데친다.

2

오이는 씨를 제거하고 당근과 같은 크기로 썰어 소금에 절인다.

3

표고버섯은 수분을 제거한 후, 기둥을 제거하여 길이 6cm, 폭 1cm, 두께 0.6cm로 썰어 양념한다.

4

파, 마늘은 다지고, 소고기는 핏물을 제거한 후 8cm×1cm×0.5cm로 썰어 연육하고 양념한다.

5

팬을 기름으로 코팅시키고 달걀 노른자는 소금으로 간을 한 후 두껍게 부친다. 지단이 식으면 길이 6cm, 폭 1cm, 두께 0.6cm로 썬다.

6

팬에 기름을 두르고 약한 불로 도라지, 오이, 당근, 표고버섯, 소고기 순서로 볶는다. 도라지와 당근을 볶으면서 소금 간을 한다.

7

산적꼬치에 6가지 재료를 색이 겹치지 않게 끼우고, 산적꼬치의 양 끝이 1cm가 남도록 한다.

8

잣은 키친타월에서 고슬고슬하게 다져서 화양적 위에 뿌린다.

🍳 기적의 TIP

- 당근은 덜 익혔거나 많이 익혔을 때 부러지므로 익히는 시간 조절을 잘해야 한다.
- 고기는 익으면서 길이가 많이 줄어들기 때문에 완성 크기보다 길게 성형하고 연육한다.
- 재료를 각각 볶아 끼우는 조리법이다.
- 재료의 색이 변하지 않도록 볶는다.

지짐누름적

반복학습 1 2 3 조리법 전·적 조리 시험시간 35분 짝꿍과제 15~40분 내 다양한 과제

준비할 재료

소고기 50g, 건표고버섯 불린 것 1개, 당근 50g, 쪽파 2뿌리, 통도라지 1개, 산적꼬치 2개, 밀가루, 달걀 1개, 소금, 식용유

표고버섯 양념장

진간장 1/2작은술, 설탕, 참기름

소고기 양념장

진간장 1작은술, 설탕 1/2작은술, 다진 파, 다진 마늘, 검은 후춧가루, 깨소금, 참기름

요구사항

주어진 재료를 사용하여 다음과 같이 지짐누름적을 만드시오.

1. 각 재료는 0.6cm×1cm×6cm 크기로 하시오.
2. 누름적의 수량은 2개를 제출하고, 꼬치는 빼서 제출하시오.

이렇게 썰기

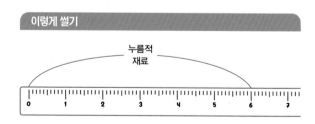

누름적
재료

도라지와 당근은 0.6cm×1cm×6cm로 2개씩 썰어 소금물에 30초 정도 데친 후 찬물에 헹군다.

쪽파는 6cm로 잘라서 소금, 참기름으로 밑간을 한다.

표고버섯은 수분을 제거한 후, 기둥을 제거하여 0.6cm×1cm×6cm로 2개 썰어 양념한다.

파, 마늘은 다지고, 소고기는 핏물을 제거한 후 0.6cm×1cm×8cm로 썰어 칼등으로 두들겨 연육하고 양념한다.

팬에 기름을 두르고 약한 불로 도라지, 당근, 표고버섯, 소고기 순서로 볶는다. 도라지와 당근은 볶으면서 소금 간을 한다.

산적꼬치에 5가지 재료를 색이 겹치지 않게 끼운다.

밀가루, 달걀물(노른자 위주)을 순서대로 앞·뒤에 골고루 묻혀 재료들이 서로 떨어지지 않게 지진다.

식으면 꼬치를 돌려가면서 뺀 후 접시에 담아 제출한다.

기적의 TIP

- 쪽파는 팬에서 따로 볶지 않고, 꼬치에 끼울 때 너비가 1.5cm 정도 되도록 꽂는다. 밀가루와 달걀물을 묻혀 지지는 과정에서 숨이 죽어서 너비가 줄어든다.
- 고기가 익을 때 길이가 많이 줄어들기 때문에 완성 크기보다 길게 성형하고 연육한다.
- 지짐누름적 재료의 색이 조화롭게 보이기 위해서 밀가루와 달걀물은 윗면에 적게 한다.
- 꼬치를 빼서 제출하는데 재료가 떨어지지 않도록 지짐누름적의 아랫면에 밀가루와 달걀물을 넉넉히 묻혀서 지진다.

풋고추전

▶합격 강의

반복학습 1 2 3 조리법 전·적 조리   시험시간 25분   짝꿍과제 25~40분 내 과제

준비할 재료

풋고추(11cm 이상) 2개, 소고기 30g, 두부 15g, 밀가루 15g, 달걀 1개, 소금, 식용유

소 양념장

소금, 설탕, 다진 대파, 다진 마늘, 검은 후춧가루, 깨소금, 참기름

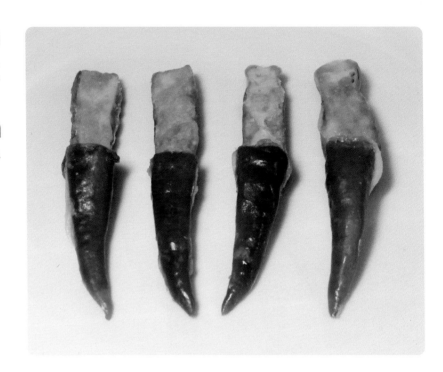

요구사항

주어진 재료를 사용하여 다음과 같이 풋고추전을 만드시오.

1. 풋고추는 5cm 길이로, 소를 넣어 지져 내시오.
2. 풋고추는 잘라 데쳐서 사용하며, 완성된 풋고추전은 8개를 제출하시오.

이렇게 썰기

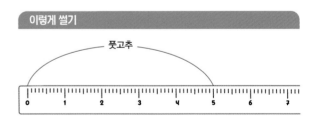
풋고추

만드는 방법

풋고추는 잘라 씨를 제거하고, 5cm로 잘라서 8개 준비한 후 끓는 소금물에 살짝 데쳐서 찬물에 헹군다.

두부는 수분을 제거하고 곱게 으깬다.

파와 마늘은 다지고 소고기는 핏물을 제거하여 곱게 다진다.

고기와 두부를 3:1 비율로 섞고 양념하여 많이 치댄다.

풋고추 안쪽에 덧가루를 바르고 소를 편편하게 채워 넣는다.

밀가루, 달걀물을 순서대로 묻혀 팬에서 약불로 속까지 잘 익혀 제출한다.

🍳 기적의 TIP

- 풋고추의 씨를 제거할 때 작은 수저로 긁어서 제거하면 깔끔하고 손이 맵지 않다.
- 풋고추의 색이 누렇게 변하지 않도록 살짝 데쳐서 찬물에 재빨리 헹군다.
- 풋고추의 윗부분(녹색 부분)의 색을 살리기 위해 밀가루, 달걀물을 묻히지 않고 고기 부분에만 묻힌다.
- 두부와 소고기를 다져 넣는 소에는 간장이 들어가지 않는다.

무생채

▶ 합격 강의

반복학습 1 2 3   조리법 생채·회 조리   시험시간 15분   짝꿍과제 30~50분 내 어렵고 복잡한 과제

준비할 재료

무 120g, 고춧가루 10g

양념장

소금 1/3작은술, 다진 파, 다진 마늘, 다진 생강, 식초 2작은술, 설탕 2작은술, 깨소금

요구사항

주어진 재료를 사용하여 다음과 같이 무생채를 만드시오.

1. 무는 0.2cm×0.2cm×6cm로 썰어 사용하시오.
2. 생채는 고춧가루를 사용하시오.
3. 무생채는 70g 이상 제출하시오.

이렇게 썰기

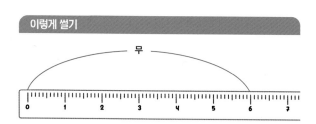

무는 0.2cm×0.2cm×6cm로 채썬다.

굵은 고춧가루는 체에 내려 곱게 만든다.

무에 고운 고춧가루를 넣고 버무린다. 무의 색이 진해지지 않도록 1/2~1작은술 정도 조금씩 넣어가며 색을 맞춘다.

파, 마늘, 생강은 곱게 다진다.

분량의 양념을 섞어 양념장을 만든다.

붉게 물들인 무에 양념장을 넣고 버무려 완성 접시에 담는다.

🧑‍🍳 **기적의 TIP**

- 무는 70g 이상 제출하여야 하므로 껍질을 제외하고 전량 사용한다.
- 굵은 고춧가루 지급 시에는 체에 내려 곱게 만들어 사용한다.
- 양념장에 미리 버무려 두면 물이 생기고, 식초의 신맛이 날아가 맛이 없으므로 제출하기 직전에 버무린다.
- 시험 메뉴의 생채 중에 유일하게 무를 소금에 절이지 않는다.

도라지생채

▶ 합격 강의

준비할 재료

통도라지(껍질 있는 것) 3개, 소금

양념장

식초 1작은술, 고추장 1작은술, 고춧가루 1/2작은술, 설탕 1/2작은술, 다진 파, 다진 마늘, 깨소금

요구사항

주어진 재료를 사용하여 다음과 같이 도라지생채를 만드시오.

1. 도라지는 0.3cm×0.3cm×6cm로 써시오.
2. 생채는 고추장과 고춧가루 양념으로 무쳐 제출하시오.

이렇게 썰기

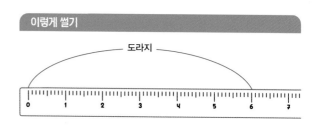

도라지

1

도라지는 가로 방향으로 껍질을 돌려 깎아 제거하고 0.3cm×0.3cm×6cm로 채썬다.

2

도라지에 소금을 넣어 바락바락 주물러서 쓴맛을 제거하고 절인다.

3

파, 마늘은 곱게 다진다.

4

고춧가루는 체에 내리고, 분량의 양념을 넣어 양념장을 만든다.

5

도라지는 물에 헹구고 수분을 제거한다.

6

도라지에 양념장을 넣고 버무려 완성 접시에 담는다.

기적의 TIP

- 껍질을 긁어서 제거하면 보푸라기가 많이 생기고, 필러를 이용하면 폐기율이 많아지므로 돌려서 얇게 껍질을 제거한다.
- 일정한 길이와 두께로 썰 수 있어야 한다.
- 생채는 양념장에 미리 버무려 두면 물이 생기고, 식초의 신맛이 금방 날아가 맛이 없으므로 제출하기 직전에 버무린다.
- 도라지의 양에 따라 양념장을 가감한다.

더덕생채

반복학습 1 2 3　　조리법 생채·회 조리　　시험시간 20분　　짝꿍과제 30~50분 내 어렵고 복잡한 과제

▶ 합격 강의

준비할 재료

통더덕(길이 10~15cm 정도) 2개,
소금

양념장

고춧가루 1작은술, 식초 1작은술, 설
탕 1/2작은술, 다진 파, 다진 마늘,
깨소금

요구사항

**주어진 재료를 사용하여 다음과 같이 더덕생채를 만
드시오.**

1. 더덕은 5cm로 썰어 두들겨 편 후 찢어서 쓴맛을
   제거하여 사용하시오.
2. 고춧가루로 양념하고, 전량 제출하시오.

이렇게 썰기

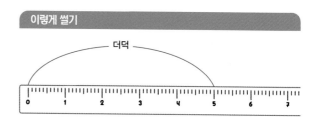
더덕

더덕은 가로 방향으로 껍질을 돌려 깎아 제거하고 5cm로 썬다.

더덕은 저미고 소금에 절인다.

파, 마늘은 다지고, 분량의 양념을 넣어 양념장을 만든다.

절여진 더덕은 물에 헹구고 수분을 제거한 후 밀대로 두들겨 편다.

더덕을 편 후 가늘고 길게 찢는다. 중간에 심지를 제거하여 쓴맛을 없앤다.

찢은 더덕에 양념장을 넣고 버무려 완성 접시에 담는다.

기적의 TIP

- 더덕은 도라지보다 결이 많으며 진흙이 묻어 있는 경우가 있고, 잘랐을 때 하얀 진액이 나온다.
- 제대로 절여지지 않은 더덕은 힘을 주어 두들기면 부서질 수 있으므로 주의한다.
- 더덕의 양에 따라 양념장을 가감한다.

생채류	무생채	도라지생채	더덕생채
길이	0.2 × 0.2 × 6cm	0.3 × 0.3 × 6cm	5cm, 가늘게 찢기
소금 절임	소금에 절이지 않음	채썰어 소금에 절임	편썰어 소금에 절임
양념	고춧가루, 생강, 소금	고추장, 고춧가루	고춧가루
공통양념	식초, 설탕, 파, 마늘, 깨소금		

겨자채

▶ 합격 강의

반복학습 **1** **2** **3** 조리법 생채·회 조리   시험시간 35분   짝꿍과제 30~50분 내 어렵고 복잡한 과제

준비할 재료

양배추 50g, 오이 1/3개, 당근 50g, 소고기 50g, 껍질 깐 밤 2개, 달걀 1개, 배 1/8개, 잣, 소금, 식용유

겨자소스

발효된 겨자 1큰술, 식초 2큰술, 설탕 1큰술, 소금, 진간장

요구사항

주어진 재료를 사용하여 다음과 같이 겨자채를 만드시오.

1. 채소, 편육, 황·백지단, 배는 0.3cm×1cm×4cm로 써시오.
2. 밤은 모양대로 납작하게 써시오.
3. 겨자는 발효시켜 매운 맛이 나도록 하여 간을 맞춘 후 재료를 무쳐서 담고, 통잣을 고명으로 올리시오.

이렇게 썰기

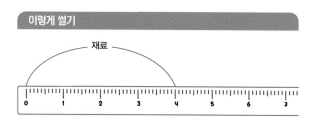

재료

겨잣가루를 미지근한 물에 개어 볼 벽에 붙이고 물 끓이는 냄비 뚜껑 위에 뒤집어 놓고 발효시킨다. 발효가 되면 양념을 넣어 겨자소스를 만든다.

끓는 물에 소금을 넣고 소고기를 덩어리째 10분 이상 삶는다.

양배추, 오이, 당근, 배는 폭 1cm, 길이 4cm, 두께 0.3cm로 일정하게 썰고 찬물에 담가 싱싱하고 아삭거릴 수 있도록 한다.

밤은 납작하게 저민다.

삶은 소고기는 식은 후 폭 1cm, 길이 4cm, 두께 0.3cm로 썬다.

달걀은 0.3cm 두께로 황·백지단을 부치고, 폭 1cm, 길이 4cm로 썬다.

찬물에 담근 야채는 수분을 제거하고 지단, 편육과 함께 겨자소스를 넣어 버무린다.

잣을 고명으로 올린다.

🎩 기적의 TIP

- 겨자에 물을 개어 발효할 때 물을 많이 넣어 흐르지 않도록 하고 매운 냄새가 날 때까지 발효한다.
- 고기 편육은 끓는 물에 넣어 익히고, 젓가락으로 찔러 핏물이 나오지 않을 때까지 충분히 익힌다.
- 채소는 일정하게 썰어 찬물에 담근 후 수분을 잘 제거해야 아삭하고 담았을 때 물이 생기지 않는다.
- 지단은 두껍게 부쳐야 말리지 않고 부서지지 않는다.

육회

▶ 합격 강의

준비할 재료

소고기 90g, 배 1/4개, 마늘 3쪽, 잣 5개

양념장

소금, 설탕, 다진 파, 다진 마늘, 검은 후춧가루, 깨소금, 참기름

요구사항

주어진 재료를 사용하여 다음과 같이 육회를 만드시오.

1. 소고기는 0.3cm×0.3cm×6cm로 썰어 소금 양념으로 하시오.
2. 배는 0.3cm×0.3cm×5cm로 변색되지 않게 하여 가장자리에 돌려 담으시오.
3. 마늘은 편으로 썰어 장식하고 잣가루를 고명으로 얹으시오.
4. 소고기는 손질하여 전량 사용하시오.

이렇게 썰기

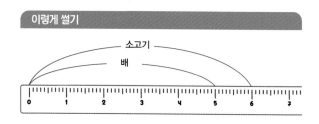

배는 갈변되지 않도록 설탕물에 담근다.

마늘의 일부는 편으로 썰고, 마늘의 나머지와 파는 곱게 다진다.

배는 0.3cm×0.3cm×5cm로 채를 썰고 수분을 제거한다. 미리 썰어놓았다면 배를 설탕물에 담가 변색이 되지 않게 한다.

소고기는 0.3cm×0.3cm×6cm로 채썰어 양념한다.

접시에 배를 돌려 담고 가운데 소고기를 담는다. 소고기 주변으로 마늘편을 돌려서 꽂는다.

잣은 키친타월에 다져서 고명으로 얹는다.

🎩 **기적의 TIP**

- 배는 바로 설탕물에 담가두어야 갈변되지 않는다.
- 소고기는 변색되지 않도록 키친타월에 싸놓고, 썰 때 손이 많이 닿지 않도록 한다.
- 배의 수분을 제거하지 않으면 소고기의 핏물과 섞여 배 주변이 지저분해질 수 있다.
- 배는 주재료인 소고기보다 크지 않게 일정한 크기로 썰면 된다.

미나리강회

▶ 합격 강의

준비할 재료

소고기 80g, 미나리 30g, 홍고추 1개, 달걀 2개, 소금, 식용유

초고추장

고추장 1큰술, 식초 1큰술, 설탕 1/2큰술

요구사항

주어진 재료를 사용하여 다음과 같이 미나리강회를 만드시오.

1. 강회의 폭은 1.5cm, 길이는 5cm로 만드시오.
2. 붉은 고추의 폭은 0.5cm, 길이는 4cm로 만드시오.
3. 달걀은 황·백지단으로 사용하시오.
4. 강회는 8개 만들어 초고추장과 함께 제출하시오.

이렇게 썰기

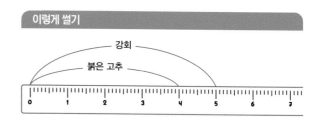

강회
붉은 고추

1 끓는 물에 소금을 넣고 미나리의 줄기를 살짝 데친다. 찬물에 헹구고 수분을 제거한 후 반으로 길게 가른다.

2 넉넉한 양의 끓는 물에 핏물을 뺀 소고기를 덩어리째 10분~15분 정도 삶는다.

3 홍고추는 폭 0.5cm, 길이 4cm로 썬다.

4 팬에 기름을 두르고 황·백지단을 두툼하게 부치고, 식으면 황·백지단과 편육을 폭 1.5cm, 길이 5cm로 썬다.

5 편육, 백지단, 황지단, 홍고추 순서로 모양을 잡고 미나리로 감는다. 매듭 부분은 보이지 않도록 소고기 아래쪽으로 향하게 한다.

6 초고추장을 만들어 함께 제출한다.

🧑‍🍳 기적의 TIP

- 미나리는 소금을 넣고 살짝 데친 후 찬물로 재빨리 헹구면 색이 선명하다.
- 고기는 젓가락으로 찔렀을 때 핏물이 나오지 않을 때까지 삶는다.
- 편육과 지단은 뜨거울 때 썰면 부서지므로 식은 후에 성형한다.
- 미나리로 감을 때 지저분하지 않도록 매듭을 편육 뒤에서 마무리하는 것이 깔끔하다.

두부조림

▶ 합격 강의

반복학습 1 2 3 조리법 조림·초 조리　시험시간 25분　짝꿍과제 15〜45분 내 다양한 과제

준비할 재료

두부 200g, 대파(흰 부분) 1토막, 실고추, 소금, 식용유

양념장

진간장 1큰술, 설탕 1/2큰술, 다진 대파, 다진 마늘, 검은 후춧가루, 깨소금, 참기름

요구사항

주어진 재료를 사용하여 다음과 같이 두부조림을 만드시오.

1. 두부는 0.8cm×3cm×4.5cm로 잘라 지져서 사용하시오.
2. 8쪽을 제출하고, 촉촉하게 보이도록 국물을 약간 끼얹어 내시오.
3. 실고추와 파채를 고명으로 얹으시오

만드는 방법

1 두부는 3cm×4.5cm×0.8cm로 균일하게 8쪽을 썬다.

2 접시에 면포나 키친타월을 깔고 두부를 올려 수분을 제거한 후 소금을 뿌려서 밑간을 한다.

3 대파의 흰 부분을 가늘게 채썰어 고명으로 준비하고, 대파의 흰 부분과 마늘은 다져서 양념장을 준비한다.

4 팬에 기름을 두르고 두부를 넣어 중불에서 노릇하게 지진다.

5 냄비에 두부와 양념장, 자작한 물 1/2～3/4컵 정도를 넣고 끓인다. 끓으면 거품을 제거하고 중불에서 국물을 끼얹어 가며 끓인다.

6 국물이 5큰술 정도 남았을 때 실고추와 대파채를 고명으로 얹고 뜸들여 완성 접시에 두부와 국물을 촉촉하게 담아낸다.

🍳 기적의 TIP

- 두부는 익는 과정에서 수분이 빠져 두께가 줄어들므로 두께를 1cm 정도로 썬다.
- 팬에서 두부를 지질 때 강불로 하면 색이 타고, 약불로 하면 두부가 질겨지게 된다.
- 양념장을 넣고 조릴 때 국물을 두부 위에 끼얹어야 색이 골고루 날 수 있다.

홍합초

▶ 합격 강의

준비할 재료

생홍합(껍질 벗긴 것) 100g, 대파 1토막, 마늘 2쪽, 생강 15g, 잣 5개

양념장

진간장 1큰술, 설탕 1/2큰술, 검은 후춧가루, 참기름

요구사항

주어진 재료를 사용하여 다음과 같이 홍합초를 만드시오.

1. 마늘과 생강은 편으로, 파는 2cm로 써시오.
2. 홍합은 데쳐서 전량 사용하고, 촉촉하게 보이도록 국물을 끼얹어 제출하시오.
3. 잣가루를 고명으로 얹으시오.

이렇게 썰기

파

1 홍합은 이물질을 제거하고 물에 흔들어 씻은 후 끓는 물에 살짝 데치고 찬물에 헹군다.

2 대파는 2cm로 썰고 마늘과 생강은 편으로 썬다.

3 냄비에 물 1/4컵, 진간장 1큰술, 설탕 1/2큰술, 생강을 넣어 끓이고 끓으면 대파를 넣어 익힌다.

4 국물이 반으로 졸아들면 마늘, 홍합을 넣어 익히는데, 홍합이 질겨지지 않게 한다.

5 국물이 1큰술 정도 남았을 때 후춧가루, 참기름을 넣어 윤기나게 졸인다.

6 완성 접시에 홍합초를 국물과 함께 담고 잣을 키친타월에서 다져서 기름기를 제거한 후 홍합초 위에 고명으로 뿌린다.

기적의 TIP

- 홍합을 살짝 데친 후 졸여야 질겨지지 않는다.
- 양념장을 한 번에 넣는 것보다 나중에 참기름과 후추를 넣어야 윤기가 나고, 비린내를 줄일 수 있다.
- 홍합을 익히는 과정에서 물이 생기므로 홍합을 넣고 오래 끓이지 않는다.

너비아니구이

▶ 합격 강의

준비할 재료

소고기(안심 또는 등심) 100g, 배 1/8 개, 잣 5개, 식용유

양념장

진간장 1큰술, 설탕 1/2큰술, 다진 파, 다진 마늘, 검은 후춧가루, 깨소 금, 참기름, 배즙 1큰술

요구사항

주어진 재료를 사용하여 다음과 같이 너비아니구이를 만드시오.

1. 완성된 너비아니는 0.5cm×4cm×5cm로 하시오.
2. 석쇠를 사용하여 굽고, 6쪽 제출하시오.
3. 잣가루를 고명으로 얹으시오.

만드는 방법

1

파와 마늘은 곱게 다진다.

2

배는 강판에 갈아 즙을 내어 양념장을 만든다.

3

소고기는 핏물을 제거하고, 두께 0.3∼0.4cm로 포를 뜬 후 칼등으로 두들겨 연육하고 힘줄은 칼끝으로 콕콕 찔러 끊는다. 5cm×6cm로 6쪽 썬다.

4

양념장에 고기를 미리 재워서 간장 색이 들게 한다.

5

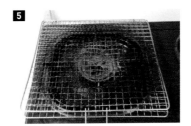

석쇠는 불에 달궈 소독하고 수저로 긁어 이물질을 제거한 후 키친타월에 식용유를 묻혀 코팅한다.

6

석쇠에 소고기를 얹고, 중불에서 석쇠를 10cm 정도 띄운 채 타지 않게 앞·뒤 면을 익힌다.

7

잣은 키친타월에서 칼 면으로 눌러 잣의 기름을 제거하고 고슬고슬하게 다진다.

8

완성 접시에 소고기를 담고 잣가루를 뿌려 제출한다.

🍳 기적의 TIP

- 고기가 익는 과정에서 길이는 줄어들고 두께는 두꺼워지므로 제시된 가로·세로의 크기는 크게, 두께는 얇게 성형하는 것이 좋다.
- 소고기를 연육하는 방법에는 칼등으로 두들기거나, 배즙에 재워두는 방법이 있다.
- 재료가 석쇠에 붙는 것을 방지하기 위해 기름 코팅을 한다.

제육구이

▶ 합격 강의

준비할 재료

돼지고기(등심 또는 볼깃살) 150g,
식용유

양념장

고추장 1큰술, 설탕 1/2큰술, 진간
장 1작은술, 다진 파, 다진 마늘, 다
진 생강, 검은 후춧가루, 깨소금, 참
기름

요구사항

주어진 재료를 사용하여 다음과 같이 제육구이를 만드시오.

1. 완성된 제육은 0.4cm×4cm×5cm로 하시오.
2. 고추장 양념하여 석쇠에 구우시오.
3. 제육구이는 전량 제출하시오.

파와 마늘, 생강은 곱게 다지고 양념장을 만든다.

돼지고기는 핏물을 제거하고, 두께 0.3~0.4cm로 포를 뜬 후 칼등으로 두들겨 연육하고 힘줄은 칼끝으로 콕콕 찔러 끊는다. 5cm×6cm로 썰어 전량 준비한다.

양념장에 고기를 미리 재워둔다.

석쇠는 불에 달궈 소독하고 수저로 긁어 이물질을 제거한 후 키친타월에 식용유를 묻혀 코팅한다.

석쇠에 돼지고기를 얹고, 중불에서 석쇠를 10cm 정도 띄운 채 타지 않게 앞·뒤 면을 익힌다.

완성 접시에 돼지고기를 담아 제출한다.

기적의 TIP

- 고기가 익는 과정에서 길이는 줄어들고 두께는 두꺼워지므로 제시된 가로·세로의 크기는 크게, 두께는 얇게 성형하는 것이 좋다.
- 제육구이와 너비아니구이는 유장처리를 하지 않는다.
- 재료가 석쇠에 붙는 것을 방지하기 위해 기름 코팅을 한다.
- 속까지 익는 시간이 오래 걸리므로 중불에서 불 조절을 잘하면서 굽는다.

북어구이

▶ 합격 강의

준비할 재료

북어포 1마리, 식용유

유장

참기름 1큰술, 진간장 1작은술

양념장

고추장 1큰술, 설탕 1/2큰술, 다진 파, 다진 마늘, 검은 후춧가루, 깨소금, 참기름

요구사항

주어진 재료를 사용하여 다음과 같이 북어구이를 만드시오.

1. 구워진 북어의 길이는 5cm로 하시오.
2. 유장으로 초벌구이 하고, 고추장 양념으로 석쇠에 구우시오.
3. 완성품은 3개를 제출하시오. (단, 세로로 잘라 3/6 토막 제출할 경우 수량 부족으로 실격)

이렇게 썰기

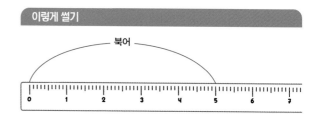

1

북어포는 찬물에 5분 정도 불린다.

2

파와 마늘은 곱게 다지고 유장과 양념장을 만든다.

3

북어는 면포로 수분을 제거하고 뼈와 잔가시를 제거한다. 내장과 꼬리 쪽을 칼끝으로 콕콕 찌르고 껍질 쪽에는 잔 칼집을 넣어 오그라들지 않게 한다. 6cm로 3토막을 자른다.

4

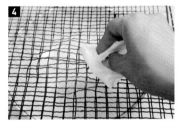

석쇠는 불에 달궈 소독하고 수저로 긁어 이물질을 제거한 후 키친타월에 식용유를 묻혀 코팅한다.

5

북어는 유장을 발라 중불로 초벌구이를 한다. 1분 정도 앞뒤로 살짝만 굽는다.

6

구워진 북어는 양념장을 발라 타지 않게 중불로 굽는다.

7

완성 접시에 머리, 몸통, 꼬리 순서로 담아 제출한다.

🍳 **기적의 TIP**

• 북어를 많이 불리면 부서질 수 있으니 유의한다.
• 유장에서 80%, 양념장에서 20%를 익히는 것이 적당하다.
• 북어가 익으면서 줄어들므로 완성 크기보다 1cm 크게 성형한다. 꼬리 부분은 몸통 부분보다 많이 줄어들므로 6.5cm까지 늘여도 좋다.

더덕구이

▶ 합격 강의

준비할 재료

통더덕(껍질 있는 것) 3개, 식용유,
소금

유장

참기름 1큰술, 진간장 1작은술

양념장

고추장 1큰술, 설탕 1/2큰술, 다진
파, 다진 마늘, 깨소금, 참기름

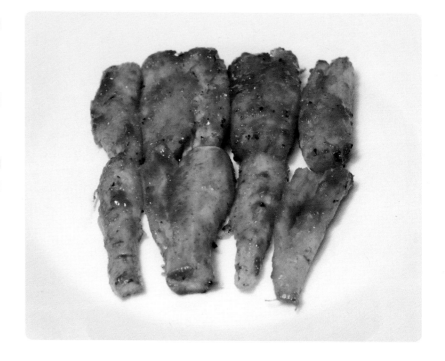

요구사항

주어진 재료를 사용하여 다음과 같이 더덕구이를 만드시오.

1. 더덕은 껍질을 벗겨 사용하시오.
2. 유장으로 초벌구이 하고, 고추장 양념으로 석쇠에 구우시오.
3. 완성품은 전량 제출하시오.

1 파와 마늘은 곱게 다지고 유장과 양념장을 만든다.

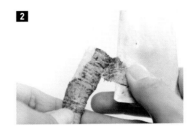

2 더덕은 가로 방향으로 껍질을 돌려 깎아 제거한다.

3 더덕의 길이는 4~5cm 정도로 하고, 통이나 반 갈라서 소금에 절인다.

4 절여진 더덕은 씻어서 물기를 제거한 후 밀대로 밀고, 두들겨서 편편하게 한다.

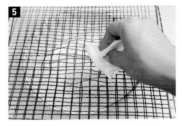

5 석쇠는 불에 달궈 소독하고 수저로 긁어 이물질을 제거한 후 키친타월에 식용유를 묻혀 코팅한다.

6 더덕은 유장을 발라 중불로 1~2분간 초벌구이를 한다.

7 구워진 더덕은 양념장을 발라 타지 않게 중불로 1~2분간 굽고, 전량을 완성 접시에 담아 제출한다.

🍳 기적의 TIP

- 껍질을 긁거나 필러로 벗기지 않고 결을 살려서 제거해야 보푸라기가 덜 생기고, 폐기율도 적어진다.
- 더덕이 덜 절여진 상태에서 세게 두들기면 부서지기 쉬우므로 충분히 절인 후 조심스럽게 다룬다.

생선양념구이

▶ 합격 강의

준비할 재료

조기(100~120g 정도) 1마리, 식용유, 소금

유장

참기름 1큰술, 진간장 1작은술

양념장

고추장 1큰술, 설탕 1/2큰술, 다진 파, 다진 마늘, 검은 후춧가루, 깨소금, 참기름

요구사항

주어진 재료를 사용하여 다음과 같이 생선양념구이를 만드시오.

1. 생선의 머리와 꼬리를 포함하여 통째로 사용하고 내장은 아가미 쪽으로 제거하시오.
2. 칼집 넣은 생선은 유장으로 초벌구이 하고, 고추장양념으로 석쇠에 구우시오.
3. 생선구이는 머리 왼쪽, 배 앞쪽 방향으로 담아내시오.

파와 마늘은 곱게 다지고 유장과 양념장을 만든다.

조기는 비늘과 지느러미를 제거하고, 젓가락을 입과 아가미로 교차시켜 넣어 젓가락을 돌리면서 내장과 아가미를 제거한다. 몸통 앞·뒤로 칼집을 세 번 정도 넣는다.

조기에 소금을 뿌려서 밑간을 한다.

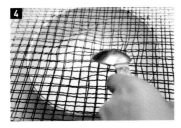

석쇠는 불에 달궈 소독하고 수저로 긁어 이물질을 제거한 후 키친타월에 식용유를 묻혀 코팅한다.

조기는 물에 헹구고 수분을 제거한 후 유장을 발라 초벌구이를 한다. 칼집 사이의 살과 눈이 하얗게 될 때까지 익힌다.

구워진 조기는 양념장을 발라 타지 않게 굽는다.

완성 접시에 머리가 왼쪽, 꼬리가 오른쪽, 배가 아래로 가게 담아 제출한다.

기적의 TIP

- 생선이 부서지지 않도록 손질을 한다.
- 구우면 살이 연해져 부서지기 쉬우므로 조심스럽게 다룬다.
- 양념장을 바를 때 껍질이 벗겨질 수 있으니 주의한다.
- 생선의 놓는 방향을 알아둔다.

잡채

▶ 합격 강의

준비할 재료

당면 20g, 소고기 30g, 통도라지 1개, 불린 건표고버섯 1개, 불린 건목이버섯 2개, 당근 50g, 달걀 1개, 숙주 20g, 소금, 오이 1/3개, 양파 1/3개, 식용유

숙주 밑간

소금, 참기름

표고버섯, 목이버섯, 당면 양념장

진간장 1큰술, 설탕 1/2큰술, 참기름

소고기 양념장

진간장 1/2작은술, 설탕, 다진 파, 다진 마늘, 검은 후춧가루, 깨소금, 참기름

요구사항

주어진 재료를 사용하여 다음과 같이 잡채를 만드시오.

1. 소고기, 양파, 오이, 당근, 도라지, 표고버섯은 0.3cm×0.3cm×6cm로 썰어 사용하시오.
2. 숙주는 데치고 목이버섯은 찢어서 사용하시오.
3. 당면은 삶아서 유장처리하여 볶으시오.
4. 황·백지단은 0.2cm×0.2cm×4cm로 썰어 고명으로 얹으시오.

이렇게 썰기

재료

지단

0 1 2 3 4 5 6 7

냄비에 물을 끓이고 당면은 미지근한 물에 10분 정도 불린다.

숙주는 거두절미를 하고 끓는 물에 데쳐서 밑간을 한다.

오이는 돌려 깎고, 도라지와 당근은 껍질을 제거하여 0.3cm×0.3cm×6cm 크기로 채썰고 소금에 절인다.

양파는 0.3cm×0.3cm×6cm 크기로 채썬다.

표고버섯은 0.3cm×0.3cm×6cm 크기로 채썰고, 목이버섯은 찢어서 양념한다.

파, 마늘은 다지고 소고기는 0.3cm×0.3cm×6cm 크기로 썰어서 양념한다.

불린 당면은 끓는 물에 소금, 식용유를 넣고 1~2분 정도 삶아서 찬물에 헹구고 잘라서 양념한다.

절여진 채소는 물에 헹구고 수분을 제거한다.

팬에 지단 → 도라지 → 양파 → 오이 → 당근 → 표고버섯, 목이버섯 → 당면 → 소고기 순서로 볶는다. 양파는 간이 되어 있지 않으므로 볶을 때 소금 간을 한다.

볶은 재료를 합쳐 버무려서 접시에 담고 황·백지단은 0.2cm×0.2cm×4cm 크기로 채썰어 고명으로 얹는다.

기적의 TIP

- 비교적 시간이 짧은 메뉴이므로 재료 손질을 빨리할 수 있어야 한다.
- 모든 재료는 굵기와 길이가 일정하도록 채썬다.
- 당면은 불린 후 삶으면 시간을 절약할 수 있으나, 불리고 삶고 볶는 과정을 하면서 면이 지나치게 익을 수 있으므로 주의한다.
- 팬에서 볶을 때는 깨끗하고 양념이 적게 들어간 재료부터 볶는다.

탕평채

▶ 합격 강의

반복학습 1 2 3   **조리법** 숙채 조리   **시험시간** 35분   **짝꿍과제** 15~35분 내 다양한 과제

준비할 재료

청포묵 150g, 소고기 20g, 숙주 20g, 미나리 10g, 달걀 1개, 김 1/4 장, 식용유, 소금

소고기 양념장

진간장 1/2작은술, 설탕, 다진 파, 다진 마늘, 검은 후춧가루, 깨소금, 참기름

숙주 밑간

소금, 참기름

초간장

진간장 1큰술, 식초 1큰술, 설탕 1/2 큰술

요구사항

주어진 재료를 사용하여 다음과 같이 탕평채를 만드시오.

1. 청포묵은 0.4cm×0.4cm×6cm로 썰어 데쳐서 사용하시오.
2. 모든 부재료의 길이는 4~5cm로 하시오.
3. 소고기, 미나리, 거두절미한 숙주는 각각 조리하여 청포묵과 함께 초간장으로 무쳐 담아내시오.
4. 황·백지단은 4cm 길이로 채썰고, 김은 구워 부셔서 고명으로 얹으시오.

이렇게 썰기

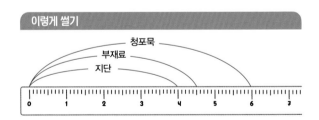

청포묵
부재료
지단

청포묵은 0.4cm×0.4cm×6cm로 썰어서 끓는 물에 데쳐 투명해지면 찬물에 헹궈 수분을 제거한다. 진간장, 참기름을 1/2작은술씩 넣어 밑간을 한다.

숙주는 거두절미하고 끓는 물에 데쳐서 찬물에 헹궈 수분을 제거한다. 소금, 참기름으로 밑간을 한다.

미나리는 끓는 물에 데쳐 찬물에 헹궈 수분을 제거하고 4~5cm로 자른다.

파와 마늘은 다지고 소고기는 4~5cm로 채썰어 양념한다.

팬에 김을 구운 후 기름을 둘러 지단을 부치고 소고기를 볶는다. 김은 부수고, 지단은 식으면 4cm 길이로 채썬다.

청포묵, 숙주, 미나리, 소고기에 초간장을 넣고 버무려 완성 접시에 담고, 황·백지단과 김을 고명으로 얹는다.

기적의 TIP

- 청포묵이 칼 면에 들러붙을 경우 칼에 물을 묻혀 썰면 잘 떨어진다.
- 청포묵은 투명하게 데치고 뜨거울 때에는 잘 부서지므로 주의한다.
- 청포묵에 밑간은 소금, 참기름 또는 진간장, 참기름으로 한다.
- 초간장은 제출하기 직전에 무쳐 담아내야 색과 맛이 좋다.

칠절판

▶ 합격 강의

준비할 재료

소고기 50g, 오이 1/2개, 당근 50g, 달걀 1개, 석이버섯(마른 것) 5g, 밀가루 50g, 식용유, 소금

밀전병

밀가루 6큰술, 물 6큰술, 소금

석이버섯 양념장

소금, 참기름

소고기 양념장

진간장 1/2작은술, 설탕, 다진 파, 다진 마늘, 검은 후춧가루, 깨소금, 참기름

요구사항

주어진 재료를 사용하여 다음과 같이 칠절판을 만드시오.

1. 밀전병은 지름이 8cm가 되도록 6개를 만드시오.
2. 채소와 황·백지단, 소고기는 0.2cm×0.2cm×5cm로 써시오.
3. 석이버섯은 곱게 채를 써시오.

이렇게 썰기

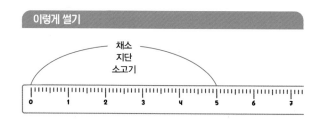

채소
지단
소고기

① 석이버섯은 미지근한 물로 불린다.

② 오이는 돌려깎고 당근은 껍질을 제거하여 0.2cm×0.2cm×5cm 크기로 채썰고 소금에 절인다.

③ 불려진 석이버섯은 소금으로 문질러 씻어서 이끼를 제거하고, 곱게 채썰어 소금, 참기름으로 양념한다.

④ 파, 마늘은 다지고 소고기는 0.2cm× 0.2cm×5cm 크기로 채썰어 양념한다.

⑤ 밀가루, 물, 소금을 섞고 체에 걸러 밀전병 반죽을 준비한다.

⑥ 달걀을 풀어 기포없이 준비하고, 소금에 절인 채소는 수분을 제거한다.

⑦ 팬에 황·백지단을 부치고, 밀전병을 지름 8cm로 얇게 부친다. 기름을 두르고 오이, 당근, 석이버섯, 소고기 순서로 볶는다.

⑧ 완성 접시 중앙에 밀전병을 담고 색이 겹쳐지지 않게 6가지 재료를 돌려 담는다.

🧑‍🍳 기적의 TIP

• 뜨거운 물에 불려진 석이버섯은 검은 색이 다 벗겨지고, 덜 불려진 석이버섯은 썰 때 날아가므로 미지근한 물에 불린다.
• 밀전병은 지름 8cm로 얇게 6장을 부쳐야 하고 5장을 부쳤을 때는 실격이 된다.
• 밀전병의 반죽을 미리 만들어 두면 부드러워져서 부치기가 쉬우며, 계량수저로 1큰술 정도의 양으로 부치면 알맞다.
• 재료를 돌려 담을 때 양이 비슷해야 하고 색이 변하지 않도록 오래 볶지 않는다.
• 채소와 밀전병을 포함하여 칠절판이라고 한다.

오징어볶음

▶ 합격 강의

반복학습 1 2 3 조리법 볶음 조리 시험시간 30분 짝꿍과제 15~40분 내 다양한 과제

준비할 재료

물오징어 1마리, 양파 1/3개, 홍고추 1개, 풋고추 1개, 대파 4cm 1토막, 소금, 식용유

양념장

고추장 2큰술, 고춧가루 1큰술, 설탕 1큰술, 진간장 1작은술, 다진 마늘, 다진 생강, 깨소금, 후추, 참기름

요구사항

주어진 재료를 사용하여 다음과 같이 오징어볶음을 만드시오.

1. 오징어는 0.3cm 폭으로 어슷하게 칼집을 넣고, 크기는 4cm×1.5cm로 써시오. (단, 오징어 다리는 4cm 길이로 자른다.)
2. 고추, 파는 어슷썰기, 양파는 폭 1cm로 써시오.

이렇게 썰기

오징어

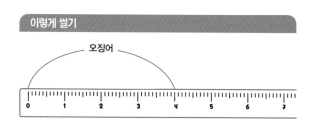

양파는 폭 1cm로 굵게 채썰고, 고추와 대파는 어슷하게 썬다.

마늘과 생강은 다지고, 양념장을 만든다.

오징어는 몸통을 반으로 갈라 내장을 제거하고, 소금으로 껍질을 벗긴다.

오징어의 내장 부분에 폭 0.3cm로 어슷하게 칼집을 가로, 세로로 넣는다.

가로 4cm×세로 1.5cm의 길이로 썰고, 다리는 4cm로 자른다.

팬에 기름을 두르고 양파를 볶는다. 양파가 투명해지면 강불에서 오징어를 볶고, 오징어의 칼집이 벌어지고 색이 하얗게 변하면 불을 줄여 양념장과 함께 볶는다. 마지막으로 고추, 대파, 참기름을 넣어 윤기 나게 볶는다.

🍳 기적의 TIP

- 오징어의 껍질이 잘 벗겨지지 않을 때 굵은 소금이나 행주를 이용하면 좋다.
- 오징어에서 다리를 분리하고 자를 때 먹물이 터지는 경우가 있으니 유의한다.
- 오징어의 칼집은 반드시 내장 쪽으로 넣어야 솔방울 모양이 나온다.
- 오징어를 자를 때 가로가 길게 잘라야 동그랗게 말리지 않는다.
- 강불에서 단시간 내에 볶아야 물이 생기지 않고 오징어가 질겨지지 않는다.

배추김치

▶ 합격 강의

준비할 재료

절임배추(포기당 2.5~3kg) 1/4포기, 무 5cm 100g, 실파(쪽파 대체 가능) 20g, 갓(적겨자 대체 가능) 20g, 미나리 10g, 대파 4cm 1토막

양념장

고춧가루 4~5큰술, 새우젓 1큰술, 멸치액젓 1큰술, 다진 마늘, 다진 생강, 소금 1작은술, 설탕 1작은술, 찹쌀풀 2큰술

찹쌀풀

찹쌀가루 1큰술, 물 1/2컵

요구사항

주어진 재료를 사용하여 다음과 같이 배추김치를 만드시오.

1. 배추는 씻어 물기를 빼시오.
2. 찹쌀가루로 찹쌀풀을 쑤어 식혀 사용하시오.
3. 무는 0.3cm×0.3cm×5cm 크기로 채썰어 고춧가루로 버무려 색을 들이시오.
4. 실파, 갓, 미나리, 대파(채썰기)는 4cm로 썰고, 마늘, 생강, 새우젓은 다져 사용하시오.
5. 소의 재료를 양념하여 버무려 사용하시오.
6. 소를 배춧잎 사이사이에 고르게 채워 반을 접어 바깥 잎으로 전체를 싸서 담아내시오.

이렇게 썰기

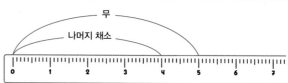

무
나머지 채소

배추는 물에 2~3번 씻어 물이 빠질 수 있도록 채반에 엎어둔다.

물 1/2컵, 찹쌀가루 1큰술을 넣고 강불에서 주걱으로 저어가며 찹쌀풀을 끓인다. 끓으면 약불로 줄여 3분 정도 더 끓이고 식힌다.

무는 0.3cm×0.3cm×5cm 크기로 채썬 후, 고춧가루 4~5큰술로 버무려 색을 먼저 들인다.

실파, 갓, 미나리, 대파는 4cm로 썰고 마늘, 생강, 새우젓은 다진다.

양념한 무에 마늘, 생강, 새우젓, 설탕, 소금, 멸치액젓으로 먼저 양념을 한다. 그리고 대파, 실파, 갓, 미나리, 찹쌀풀을 넣어 살살 버무린다.

넓은 접시나 볼에 배추를 놓고 양념을 배추 사이사이에 넣으며 채운다.

배춧잎 가장자리 한 장은 남기고, 나머지는 안쪽으로 반을 접는다. 남은 바깥 잎 한 장으로 전체를 감싸 오므린다.

기적의 TIP

- 배추는 가둬진 물에 담갔다 뺀 후 헹궈서 물기를 미리 빼놓아야 양념이 잘 붙는다.
- 찹쌀풀은 식혀 놓아야 양념이 삭지 않는다.
- 무는 수분이 많은 재료이기 때문에 고춧가루를 먼저 물들인다.
- 김치 소는 먼저 양념을 하고 실파, 미나리, 갓을 나중에 넣어야 색감도 살리고 풋내가 나지 않는다.

오이소박이

▶ 합격 강의

준비할 재료

오이 가는 것(20cm 정도) 1개, 부추 20g, 소금(정제염) 50g

양념장

고춧가루 1.5큰술, 다진 파 1작은술, 다진 마늘 1작은술, 다진 생강 1/3 작은술, 새우젓 1큰술, 물 1큰술, 부추

요구사항

주어진 재료를 사용하여 다음과 같이 오이소박이를 만드시오.

1. 오이는 6cm 길이로 3토막 내시오.
2. 오이에 3~4갈래 칼집을 넣을 때 양쪽 끝이 1cm 남도록 하고, 절여 사용하시오.
3. 소를 만들 때 부추는 1cm 길이로 썰고, 새우젓은 다져 사용하시오.
4. 그릇에 묻은 양념을 이용하여 국물을 만들어 소박이 위에 부어내시오.

이렇게 썰기

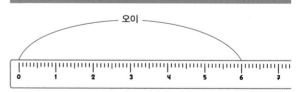
오이

1. 오이는 소금으로 문질러 씻고, 6cm 길이로 3개를 자른다. 오이 가운데 열십자(十) 칼집을 넣고 양쪽 끝이 1cm가 남도록 한다.

2. 오이에 소금을 1큰술 이상 넉넉하게 넣고, 물은 오이가 반 정도 잠길 높이로 넣어 15분 이상 절인다.

3. 부추는 1cm 길이로 썰고, 대파, 마늘, 생강, 새우젓은 다진다.

4. 고춧가루, 다진 파, 다진 마늘, 다진 생강, 새우젓, 물을 먼저 넣어 양념을 만들고, 부추를 섞는다.

5. 절여진 오이는 물에 잘 헹구고 수분을 제거한다.

6. 오이의 양쪽 끝을 손가락으로 잡고 벌린 후, 그 안에 소를 젓가락으로 채운다.

7. 그릇에 묻은 양념에 물 1~2큰술과 소금을 조금 넣어 헹구듯 하고, 그 국물을 소박이 위에 부어 제출한다.

🍳 기적의 TIP

- 오이 칼집을 넣을 때 도마에서 쿡 찌른 후 오이를 살짝 들어 앞뒤로 칼을 슬근슬근 내리면서 넣어야 칼집이 골고루 잘 들어간다.
- 오이의 사이즈가 크거나 부추가 많으면 고춧가루의 양을 늘려 사용한다.
- 오이에 소를 채울 때 너무 힘을 줘서 누르면 오이가 부러지거나 멍든다.

헷갈리는 양념들을 정리해 봅시다!

메뉴	양념(1C＝1컵, 1T＝1큰술, 1t＝1작은술)	예외
육회, 섭산적, 표고전, 풋고추전, 완자탕, 육원전	소, 설, 파, 마, 후, 깨, 참	
두부조림	간, 설, 파, 마, 후, 깨, 참	
너비아니구이	간, 설, 파, 마, 후, 깨, 참, 배즙	
오징어볶음	고추장, 고춧가루, 설, 간, 마, 생, 후, 깨, 참	
도라지생채	고추장1t, 고춧가루1/2t, 식, 설, 파, 마, 깨	
더덕생채	고춧가루1t, 식, 설, 파, 마, 깨	
무생채	고춧가루1t, 소금, 생강, 식, 설, 파, 마, 깨	
북어, 생선양념, 더덕구이 유장	참기름 1T, 진간장 1t	
북어구이, 생선양념구이	고추장, 설, 파, 마, 후, 깨, 참	더덕 – 후추 제외
제육구이	고추장, 설, 파, 마, 후, 깨, 참, 진간장, 생강	
표고양념장	간, 설, 참	장국죽 – 설탕 제외
잡채 당면, 목이	간, 설, 참	
소고기 양념장, 고사리	간, 설, 파, 마, 후, 깨, 참	장국죽 – 설탕 제외 콩나물밥 – 후추, 깨 제외
석이 양념	소, 참	
숙주 양념	소, 참	
겨자소스(겨자채)	겨자 1T, 물 1/2T 발효 후 → 식초 2T, 설탕 1T, 소, 간	
미나리 초고추장	고추장 1T , 식초 1T, 설탕 1/2T	
칠절판 밀전병	밀가루 6T, 물 6T, 소금	

MEMO

MEMO

MEMO

MEMO

사람들은 의욕이 끝까지 가질 않는다고
말한다. 뭐, 목욕도 마찬가지 아닌가?
그래서 매일 하는 거다.
목욕도, 동기부여도.

지그 지글러(Zig Ziglar)

자격증은 이기적!

합격입니다.